TOUT SUR LES DINOSAURES

TOUT SUR LES DINOSAURES

Mike Benton

ROUGE & OR

L'édition originale de ce livre est parue en 2009 sous le titre *The Kingfisher Dinosaur Encyclopedia*,
chez Kingfisher, une marque de Macmillan Children's books, division de Macmillan Publishers Ltd, Londres.

Auteur : Mike Benton

Édition française :

25 avenue Pierre de Coubertin, 75013 Paris
Traduction : Valérie Martin-Rolland, *paléontologue*
avec l'aide précieuse d'Yves Laurent, *paléontologue*
Réalisation : Philippe Brunet

N° d'éditeur : 10221598
ISBN : 978-2-26-140445-2
Dépôt légal : septembre 2013

Achevé d'imprimer en janvier 2016 par Wing King Tong Products Co.Ltd., Shenzhen, Guangdong, Chine

www.rougeetor.fr

Sommaire

Les premiers dinosaures 9
Les ancêtres des dinosaures 10
La vallée des dinosaures 12
Le premier dinosaure 14
Les fossiles d'Ischigualasto 16
Le monde du Trias 18
Plateosaurus 20
Le troupeau de Trossingen 22
L'inondation de Ghost Ranch 24
Un air de famille 26
Les gouffres de Bristol 28
La domination des dinosaures 30
Les grandes extinctions 32

Le règne des dinosaures 33
Les dinosaures d'Afrique du Sud 34
Les fossiles de Kayenta 36
Les dinosaures de Kayenta 38
Empreintes de dinosaures 40
Les dinosaures de Lufeng 42
Dinosaures cuirassés 44
L'âge des fossiles 46
Les géants du Lias 48
Les dinosaures de l'Antarctique 50
L'origine des oiseaux 52
Les théropodes 54
Megalosaurus 56

Moyens de défense 58
Les sauropodes 60
Au laboratoire 62
Records 64

Le temps des géants 65
Les géants du Jurassique 66
Les dinosaures de Tanzanie 68
Les plus gros dinosaures 70
La guerre des os 72
Rivières anciennes 74
Stegosaurus 76
Allosaurus 78
La dérive des continents 80
Dans le lagon de Solnhofen 82
Archaeopteryx 84
Les reptiles volants 86
Les dinosaures du Portugal 88
Les reptiles marins 90
Les dinosaures chinois 92
Les dinosaures de Zigong 94
Dinosaures remarquables 96

Un monde florissant 97
Le monde du Crétacé 98
Iguanodon 100
Hypsilophodon 102
Les ornithopodes 104
Dans la province du Liaoning 106
De nouvelles plantes 108
Les dinosaures à plumes 110
Caudipteryx 112
Microraptor 114

Les oiseaux chinois 116
Les cératopsiens 118
Parents des oiseaux 120
Dinosaures d'Afrique 122
Les spinosaures 124
Les dinosaures des pôles 126
Faune et flore du Mésozoïque 128

La fin des dinosaures 129
Expéditions mongoles 130
Les fossiles de Mongolie 132
Carnivores de Mongolie 134
Les thérizinosaures 136
Les hadrosaures 138
Les îles roumaines 140
Découvertes argentines 142
Les tyrannosaures 144
Triceratops 146
Les derniers dinosaures 148
Impact ! 150
Après les dinosaures 152
Le monde sans dinosaures 154

Glossaire 155
Index 157
Remerciements 160

Les premiers dinosaures

Les premiers dinosaures étaient de petits animaux, très différents de leurs successeurs beaucoup plus gros. Ils couraient sur leurs pattes postérieures et se nourrissaient de lézards et d'insectes. Dans un monde peuplé d'autres animaux primitifs, un concours de circonstances favorables assura leur soudain développement.

Les ancêtres des dinosaures

Les premiers dinosaures sont apparus au Trias supérieur, il y a environ 230 millions d'années, sur une planète qui datait déjà de milliers de millions d'années. Ils n'étaient pas les premières formes de vie sur Terre. Peu avant, de petits reptiles bipèdes carnivores, les plus proches parents des ancêtres des dinosaures connus, vivaient en Amérique du Sud.

GRANDS ET PETITS

Au Trias moyen, l'Argentine était habitée par des animaux étonnants.

De la taille d'un hippopotame, *Dinodontosaurus* était assez gros pour ne pas craindre les proto-dinosaures.

Massetognathus était un carnivore plus petit, assez gros toutefois pour chasser les proto-dinosaures.

Chanaresuchus, à l'allure de crocodile, se nourrissait de poissons. Il se déplaçait lentement sur la terre ferme.

Le minuscule *Probelesodon* se nourrissait d'insectes et était peut-être la proie de *Marasuchus*.

Marasuchus

Les premiers ossements de *Marasuchus* (un proto-dinosaure) ont été découverts il y a plus de 50 ans, et des squelettes complets ont été mis au jour depuis. *Marasuchus* ne mesurait que 40 cm de long et avait des dents très pointues. C'était un prédateur actif qui chassait de petits animaux aux allures de lézard.

Lagerpeton

Lagerpeton avait la taille d'un poulet, mais il était beaucoup plus mince. Ces petits reptiles, proches parents des dinosaures, avaient de longues pattes postérieures maintenues à la verticale sous le corps et marchaient sur leurs orteils, comme les oiseaux actuels.

Dinodontosaurus

Cet énorme reptile avait une paire de dents qu'il utilisait pour déterrer les racines. Son bec corné lui permettait de couper des plantes coriaces. Le corps en tonneau de *Dinodontosaurus* suggère qu'il renfermait un intestin énorme afin de digérer des plantes peu nutritives.

Un squelette massif

Ce squelette de *Dinodontosaurus* présente des membres massifs. Construits comme des piliers, ils devaient soutenir un corps d'une tonne ou plus. *Dinodontosaurus* n'était probablement pas très rapide avec ses membres écartés du corps.

Massetognathus

Au Trias, les mammifères aussi sont apparus, comme les dinosaures. Le reptile mammalien *Massetognathus* est l'un de nos très lointains ancêtres. Il avait trois types de dents (incisives, canines et molaires) comme nous, alors qu'en général les reptiles n'ont qu'un type de dents.

Un paléontologue américain

Alfred Romer (1894-1973) est un célèbre paléontologue américain, qui a découvert avec son équipe près de 20 nouvelles espèces du Trias d'Amérique du Sud au cours d'expéditions menées dans les années 1950.

La vallée des dinosaures

La vallée d'Ischigualasto, dans le nord de l'Argentine, est un lieu privilégié pour étudier les tout premiers dinosaures. Il y fait chaud et sec, mais c'est un paradis pour les chercheurs de fossiles. Les premiers fossiles ont été découverts dans les années 1950. Depuis, de nombreuses expéditions dans cette région ont livré les restes exceptionnels des premiers dinosaures.

PALÉONTOLOGIE EN ARGENTINE
Certains des paléontologues les plus renommés ont travaillé dans la vallée d'Ischigualasto.

Osavaldo Reig (1929-1992) fut le premier à trouver des dinosaures dans la vallée.

José Bonaparte (né en 1928) a travaillé avec son équipe à Ischigualasto.

Paul Sereno (né en 1957) trouva le squelette de dinosaure le plus complet.

Attention, fragile !

Il faut de longues heures sous un soleil de plomb pour extraire des ossements fossiles. Les os sont fragiles, souvent éparpillés et la roche est dure. Les paléontologues dégagent les os et les consolident avec de la colle. Les os sont ensuite couverts d'une coque de plâtre pour être transportés au laboratoire.

Des os par milliers

Les os récoltés sont étendus sur un tissu avant d'être emballés individuellement pour rejoindre le musée. Les fouilles ont lieu dans la vallée depuis les années 1920 ; des milliers d'ossements ont été dégagés depuis cinquante ans. La région fait maintenant partie du patrimoine mondial de l'humanité.

La vallée d'Ischigualasto

Les grès de la vallée d'Ischigualasto constituent la formation Ischigualasto. Des niveaux de cendres, juste sous la couche fossilifère, ont permis de dater la roche à 228 millions d'années (Ma). Cette couche de cendre se forma après l'éruption d'un volcan voisin.

LE PREMIER DINOSAURE

Herrerasaurus, de la formation Ischigualasto en Argentine, est le premier animal à présenter la plupart des caractères d'un dinosaure. Plusieurs squelettes partiels de ce carnivore de 3 m de long ont été trouvés.

Il existe une cavité particulière entre les orbites et les narines, typique des dinosaures et de leurs proches, qui permettait peut-être d'alléger le crâne.

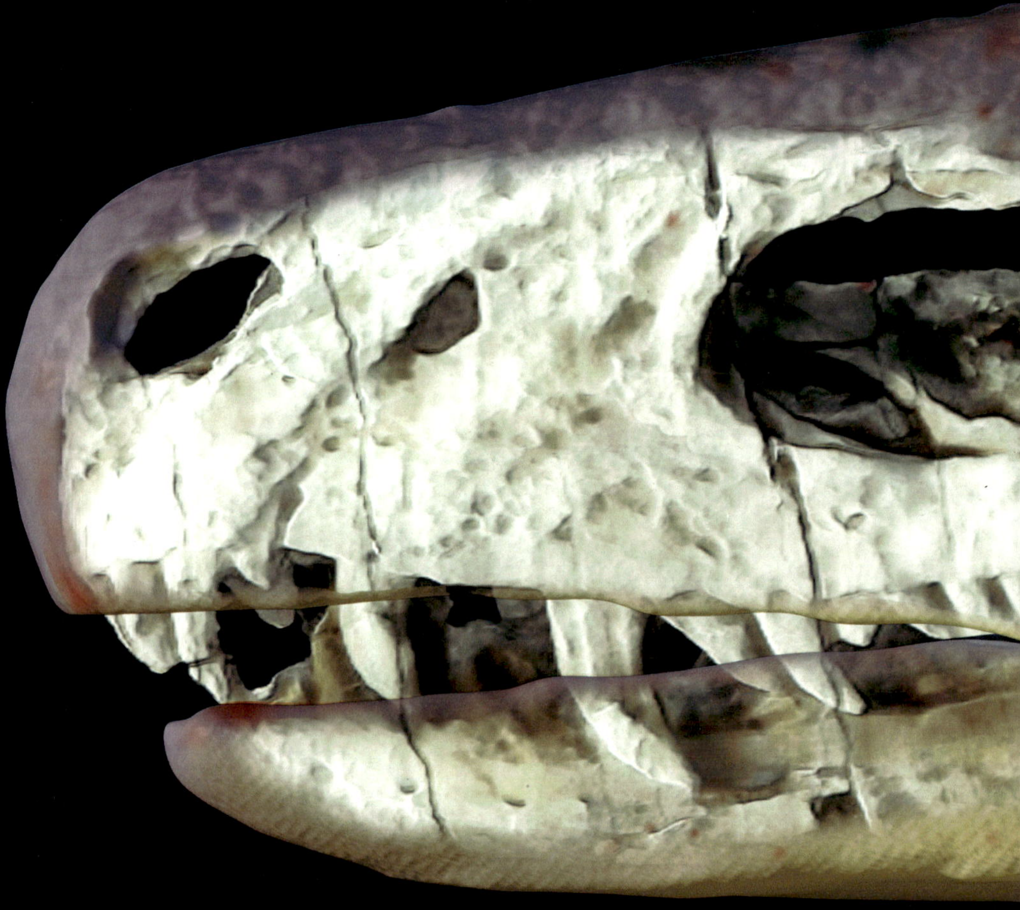

Les dinosaures carnivores déchiquetaient leurs proies et avalaient les morceaux sans les mâcher. La chair était alors broyée dans l'estomac et les os en partie dissous par les acides gastriques.

DES PRÉDATEURS ACTIFS

Herrerasaurus était un prédateur rapide. Il se nourrissait de petits reptiles. *Herrerasaurus* courait probablement plus vite que ses proies et devait les saisir avec ses mâchoires puissantes ou ses longs doigts osseux.

HANCHES ET PATTES POSTÉRIEURES

Même si *Herrerasaurus* était bien plus grand que *Marasuchus*, et que ces deux animaux se ressemblaient beaucoup, nous savons qu'*Herrerasaurus* était un dinosaure en raison de la forme de son bassin. La cavité articulaire du fémur est profonde et le bassin présente un orifice typique des dinosaures, absent chez *Marasuchus*.

***Marasuchus*, un proto-dinosaure**

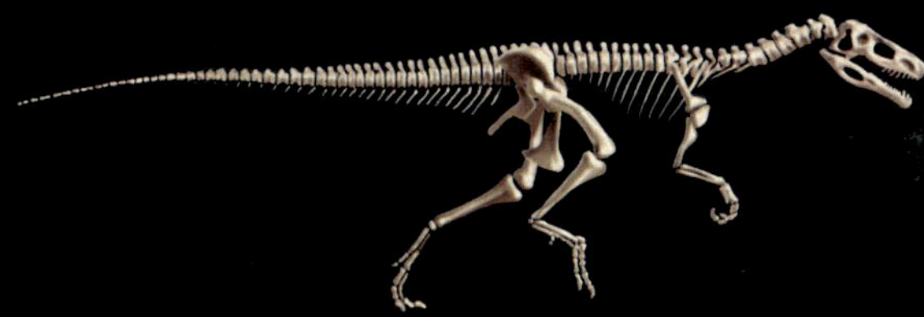

***Herrerasaurus*, l'un des premiers dinosaures**

À L'INTÉRIEUR DU CRÂNE

Le crâne d'*Herrerasaurus* présente plusieurs cavités. La paire de trous à l'avant du museau correspond aux narines. Tout à fait à l'arrière, les deux ouvertures l'une au-dessus de l'autre sont pour les muscles de la mâchoire. Ces muscles vont de la zone de la joue jusqu'à la mâchoire inférieure. Les orbites circulaires sont placées vers l'avant.

Les fossiles d'Ischigualasto

De nombreux paléontologues ont fouillé les roches d'Ischigualasto en Argentine à la recherche de fossiles. Peu de squelettes des dinosaures d'Ischigualasto – *Herrerasaurus* et *Eoraptor* – ont été trouvés, mais il y a de nombreux squelettes d'autres animaux.

Le « chasseur de l'aube »

Eoraptor (« chasseur de l'aube »), un petit dinosaure d'environ 1 m de long, poursuivait des proies de la taille d'un lézard. *Eoraptor* était discret et se cachait dans les buissons. Sa peau devait être tachetée ou à rayures pour lui assurer un meilleur camouflage.

Le crâne d'*Eoraptor*

Ce crâne d'*Eoraptor* presque complet est un magnifique fossile. Ici, un préparateur élimine les derniers fragments de la roche qui l'emprisonnait.

***Eoraptor* était de la taille d'un renard.**

Hyperodapedon

L'un des reptiles les plus communs de la région était *Hyperodapedon*, un rhynchosaure. Les rhynchosaures étaient des herbivores aux grosses mâchoires pavées de dents capables de broyer des fougères coriaces et autres plantes. Son bec crochu devait lui permettre de couper les feuilles et de déterrer des racines.

Ischigualastia

Les autres herbivores dominants de l'époque étaient les dicynodontes, de la taille d'un hippopotame comme *Ischigualastia* et *Dinodontosaurus (voir p. 11)*. Ces grands reptiles mammaliens, assez gros pour affronter les dinosaures, se déplaçaient lentement, arrachant les frondes de fougères.

Fronde fossilisée de *Dicroidium (ci-dessus)* et plante reconstituée *(à droite)*

Les fossiles de plantes

Les rhynchosaures et les dicynodontes se nourrissaient de fougères et de fougères à graines, communes à l'époque. Peu après, le climat devint plus sec et ces dernières disparurent presque partout dans le monde.

Pisanosaurus

Certains fossiles de dinosaures de cette région demeurent un mystère. On ne connaît que quelques os de l'herbivore *Pisanosaurus*. Il s'agit probablement du plus ancien ornithischien connu *(voir p. 26-27)*.

C'EST HISTORIQUE !

D'OÙ VIENT LE NOM « DINOSAURE » ?

Lorsque les premiers dinosaures ont été trouvés, personne ne savait ce que c'était. Certains pensaient que les os étaient ceux de lézards géants, d'autres de crocodiles. Lorsqu'il étudia les fossiles en 1841, le naturaliste britannique Richard Owen (1804-1092) réalisa qu'il s'agissait d'un groupe disparu. Il inventa le nom dinosaure qui signifie « lézard terrible ». Plus tard, il participa à la création du Muséum d'histoire naturelle de Londres *(ci-dessus)* qui ouvrit en 1881, pour présenter, parmi d'autres spécimens, des fossiles de dinosaures.

Le monde du Trias

Au Trias, il y a plus de 200 millions d'années, notre planète était bien différente. Elle abritait les premiers dinosaures. Les herbivores du Trias disposaient de plantes coriaces, et il ne leur était pas facile de faire un repas nourrissant. Quand le climat devint plus aride, ces plantes disparurent et les herbivores dominants ne purent survivre.

Extinction

Deux vagues d'extinctions ont eu lieu au Trias supérieur : la première, il y a 225 Ma, marqua la fin de la plupart des dinosaures herbivores d'alors, remplacés par de nouveaux herbivores.

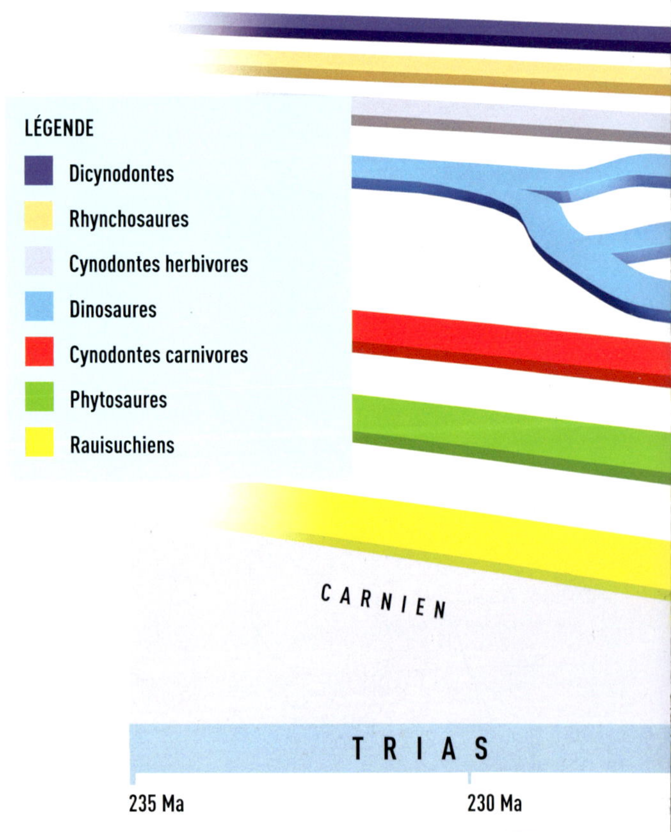

Au Carnien

L'époque du Carnien (235-228 Ma) au Trias supérieur a connu un climat tropical caractérisé par des pluies abondantes plusieurs mois par an. Fougères, mousses et fougères à graines prospéraient. Les plantes étaient différentes au nord et au sud de l'équateur, et les herbivores se multipliaient partout. Mais cette époque pluvieuse allait bientôt finir.

Le monde du Carnien

Au cours du Trias, les continents ne formaient qu'un seul supercontinent du pôle Nord au pôle Sud. Cette masse continentale résulte de la réunion des différents continents. Elle se fragmente lentement vers la fin du Trias.

Ce supercontinent est appelé la Pangée et sa dislocation à la fin du Trias donnera un continent au sud, le Gondwana et un continent au nord, la Laurasie.

Les dinosaures herbivores du Trias supérieur, les prosauropodes comme *Plateosaurus*, devaient être adaptés aux climats arides.

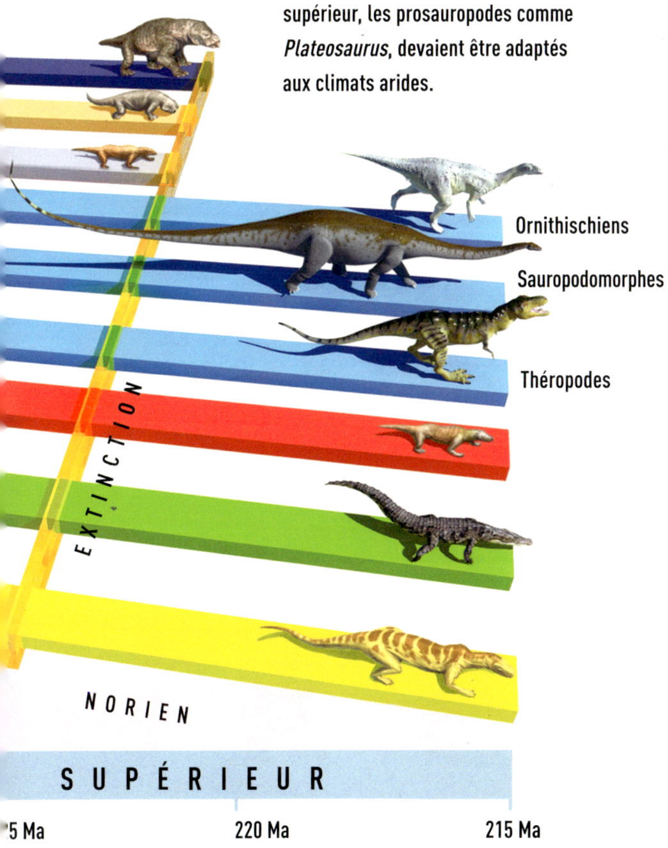

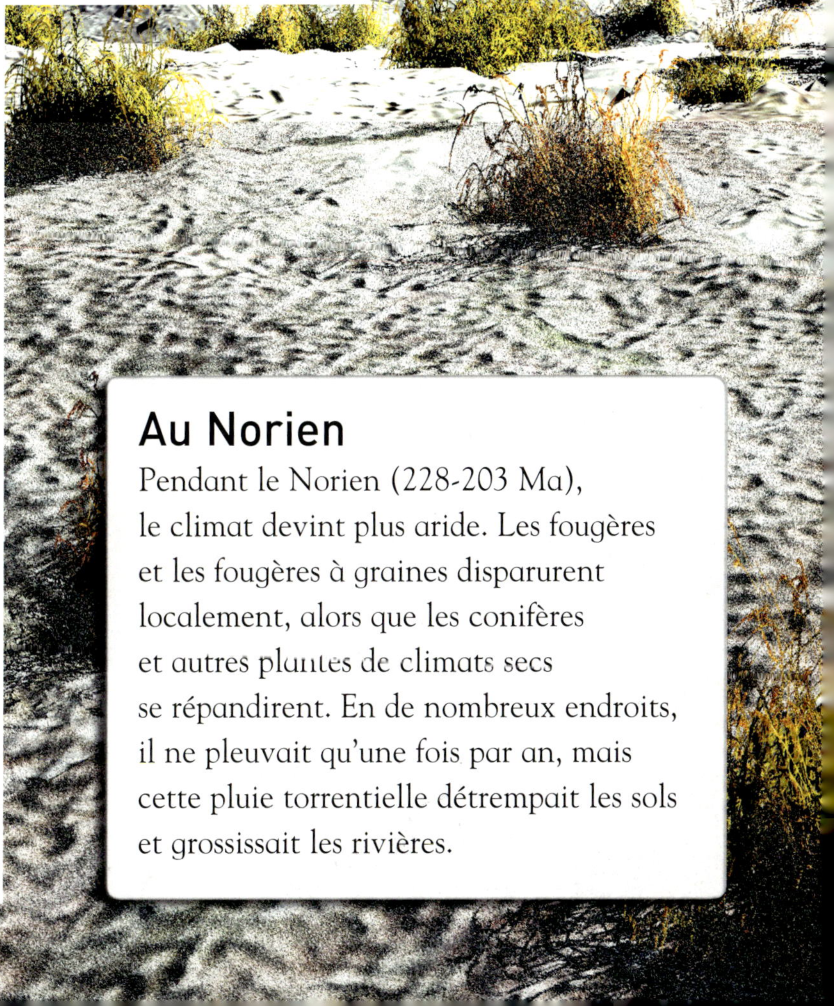

Au Norien

Pendant le Norien (228-203 Ma), le climat devint plus aride. Les fougères et les fougères à graines disparurent localement, alors que les conifères et autres plantes de climats secs se répandirent. En de nombreux endroits, il ne pleuvait qu'une fois par an, mais cette pluie torrentielle détrempait les sols et grossissait les rivières.

Plateosaurus

Les premiers gros dinosaures, comme *Plateosaurus* du Trias supérieur en Allemagne, étaient herbivores. De grands troupeaux de *Plateosaurus* se nourrissaient des arbres de toute l'Europe centrale.

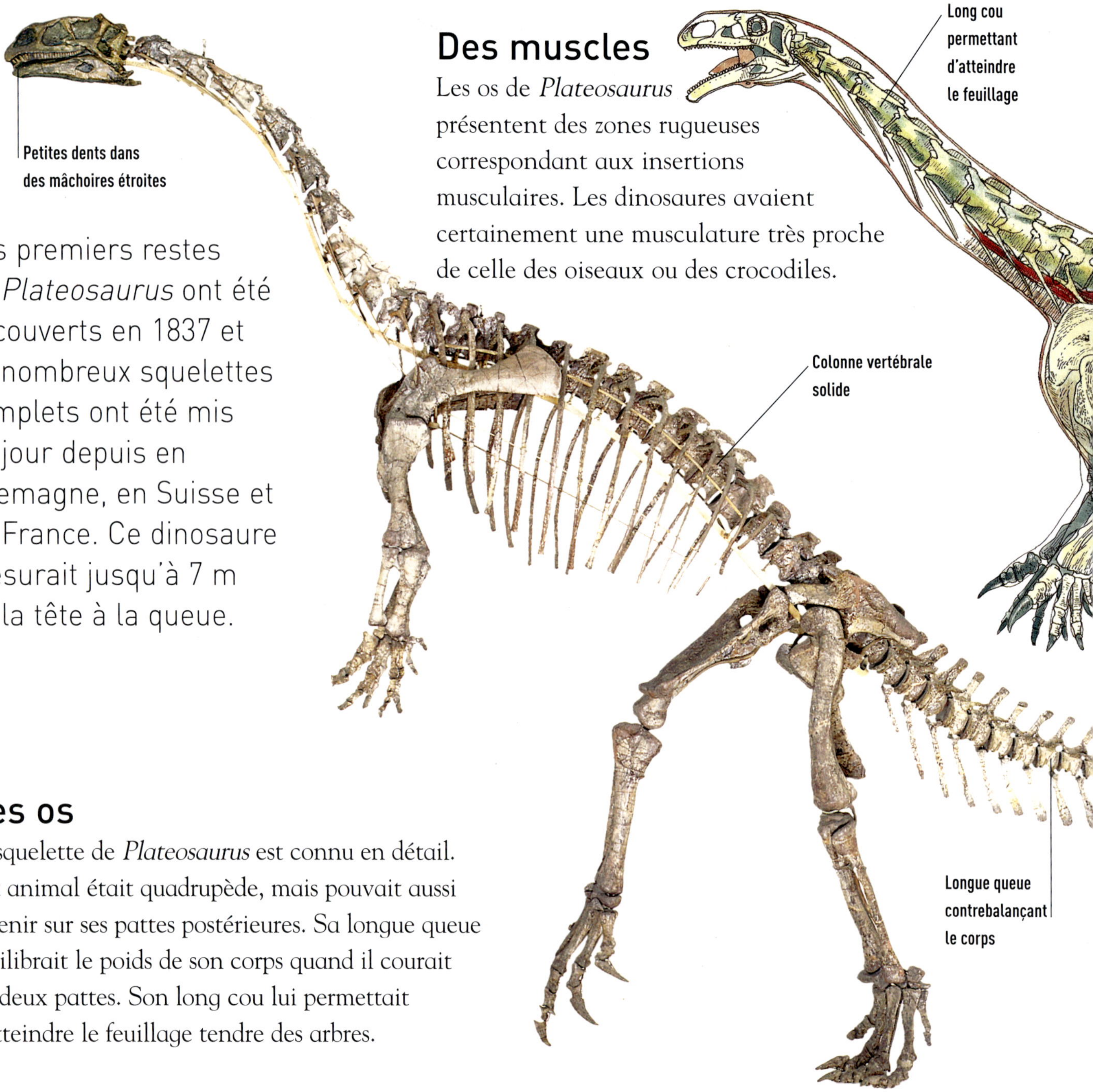

Les premiers restes de *Plateosaurus* ont été découverts en 1837 et de nombreux squelettes complets ont été mis au jour depuis en Allemagne, en Suisse et en France. Ce dinosaure mesurait jusqu'à 7 m de la tête à la queue.

Des muscles

Les os de *Plateosaurus* présentent des zones rugueuses correspondant aux insertions musculaires. Les dinosaures avaient certainement une musculature très proche de celle des oiseaux ou des crocodiles.

Des os

Le squelette de *Plateosaurus* est connu en détail. Cet animal était quadrupède, mais pouvait aussi se tenir sur ses pattes postérieures. Sa longue queue équilibrait le poids de son corps quand il courait sur deux pattes. Son long cou lui permettait d'atteindre le feuillage tendre des arbres.

De la peau

Il est difficile d'achever une reconstitution de *Plateosaurus*. On ignore par exemple la couleur de sa peau. On en connaît toutefois la texture grâce à certains fossiles qui présentent des impressions d'écailles.

Mâchoires et griffes

Plateosaurus, l'un des premiers dinosaures herbivores, avait des mâchoires étroites mais très puissantes. Ses dents étaient petites et moins aiguisées que celles des dinosaures carnivores. Ses mains, adaptées au régime herbivore, étaient pourvues de longues griffes et de doigts puissants pour saisir les branches.

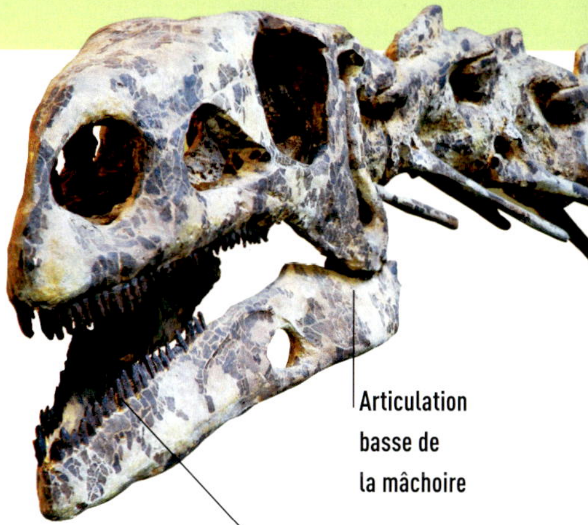

Le troupeau de Trossingen

La découverte de *Plateosaurus* la plus célèbre, à Trossingen en Allemagne, rassemble un troupeau de plus de cinquante individus. Les spécialistes se sont longtemps demandé comment ils étaient morts. Ont-ils succombé à la faim et à la soif en traversant un grand désert ? Ont-ils été emportés et noyés par une inondation soudaine ? L'étude récente des roches montre que les fossiles se trouvaient dans les grès du lit d'une rivière.

Premières fouilles

Dans les années 1920, Friedrich von Huene (1875-1969) dirigea des équipes nombreuses d'ouvriers et la moitié de la colline fut décapée *(ci-dessus)*. La roche était évacuée dans de petits wagonnets *(à droite)* et les os intéressants rapportés à von Huene au musée de l'université de Tübingen.

Ci-dessus : Friedrich von Huene

À droite : ouvriers sur les fouilles de von Huene

Fouilles récentes

De nouveaux restes de *Plateosaurus* sont parfois découverts. Les plus célèbres, découverts en 2007, proviennent d'une couche de roches riches en fossiles (appelée *bone bed* en anglais) de Frick, en Suisse. De nombreux squelettes complets de *Plateosaurus* ont été mis au jour, mais il en reste probablement une centaine à trouver sur toute la zone.

Comment se déplaçait-il ?

Les paléontologues font des modélisations sur ordinateur en scannant chaque os et en déterminant l'amplitude de mouvement de chaque articulation. Ces études montrent que *Plateosaurus* était quadrupède. Toutefois, elles montrent aussi que quand il courait, ses bras ne pouvaient assurer de mouvements rapides et que le corps devait alors basculer vers l'arrière pour une course bipède.

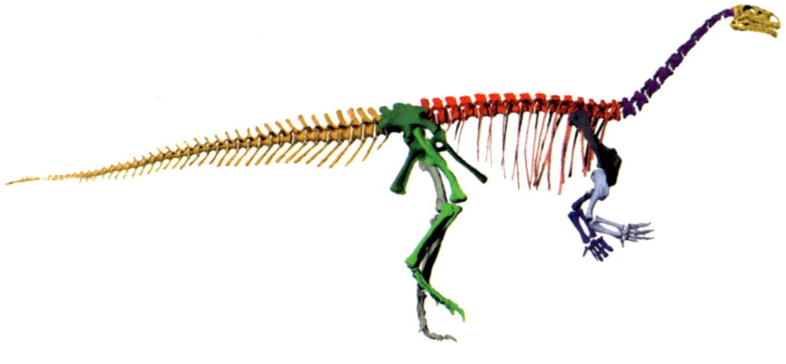

La modélisation en 3 D sur l'ordinateur des articulations de *Plateosaurus* permet de comprendre comment il se déplaçait.

Morts dans le sable

Le grès renfermant les os du troupeau de *Plateosaurus* est jaune et rouge, c'est pourquoi von Huene pensait qu'il s'agissait des dunes d'un ancien désert. Mais des études récentes montrent que le sable a été déposé par d'anciennes rivières qu'un troupeau de dinosaures a dû traverser quand le niveau est soudain monté. Des dizaines de dinosaures ont été emportés par les eaux avant d'être rejetés sur un banc de sable en aval.

L'INONDATION DE GHOST RANCH

L'une des couches de roches les plus riches en ossements de dinosaures a été découverte à Ghost Ranch au Nouveau Mexique en 1947. Plus de 100 squelettes du petit carnivore *Coelophysis* y ont été mis au jour.

VIVRE EN MEUTE

Ces *Coelophysis* ont été surpris par une inondation et rejetés sur un banc de sable. Ils devaient se déplacer en meute car il y a peu d'autres animaux parmi tous les fossiles retrouvés. Ce comportement est inhabituel pour un prédateur ; aujourd'hui, la plupart des carnivores vivent seuls ou en petits groupes familiaux.

Une meute de *Coelophysis* s'approche de la rivière pour boire ou traverser.

DÉCOUVERTES

La plupart des squelettes de *Coelophysis* *(ci-dessous)* sont complets et intacts. Les mâles, les femelles et même les petits peuvent être identifiés. On a longtemps cru qu'un des spécimens était celui d'un cannibale avec un jeune *Coelophysis* dans l'estomac. Une étude de 2006 a montré que sa proie était en fait un petit crocodile primitif.

EDWIN COLBERT

Edwin H. Colbert (1905-2001) est l'un des paléontologues américains les plus célèbres. Il débuta sa carrière en étudiant les fossiles de mammifères au Muséum d'histoire naturelle de New York, aux États-Unis. Après avoir fouillé le site de Ghost Ranch en 1947, Colbert se consacra à l'étude des dinosaures et publia de nombreux livres à succès sur les dinosaures et la dérive des continents.

UN AIR DE FAMILLE

Cette représentation de l'arbre généalogique des dinosaures montre les liens entre les groupes et la période à laquelle chaque groupe fait son apparition. Les paléontologues ont établi cet arbre pour près de 550 espèces de dinosaures.

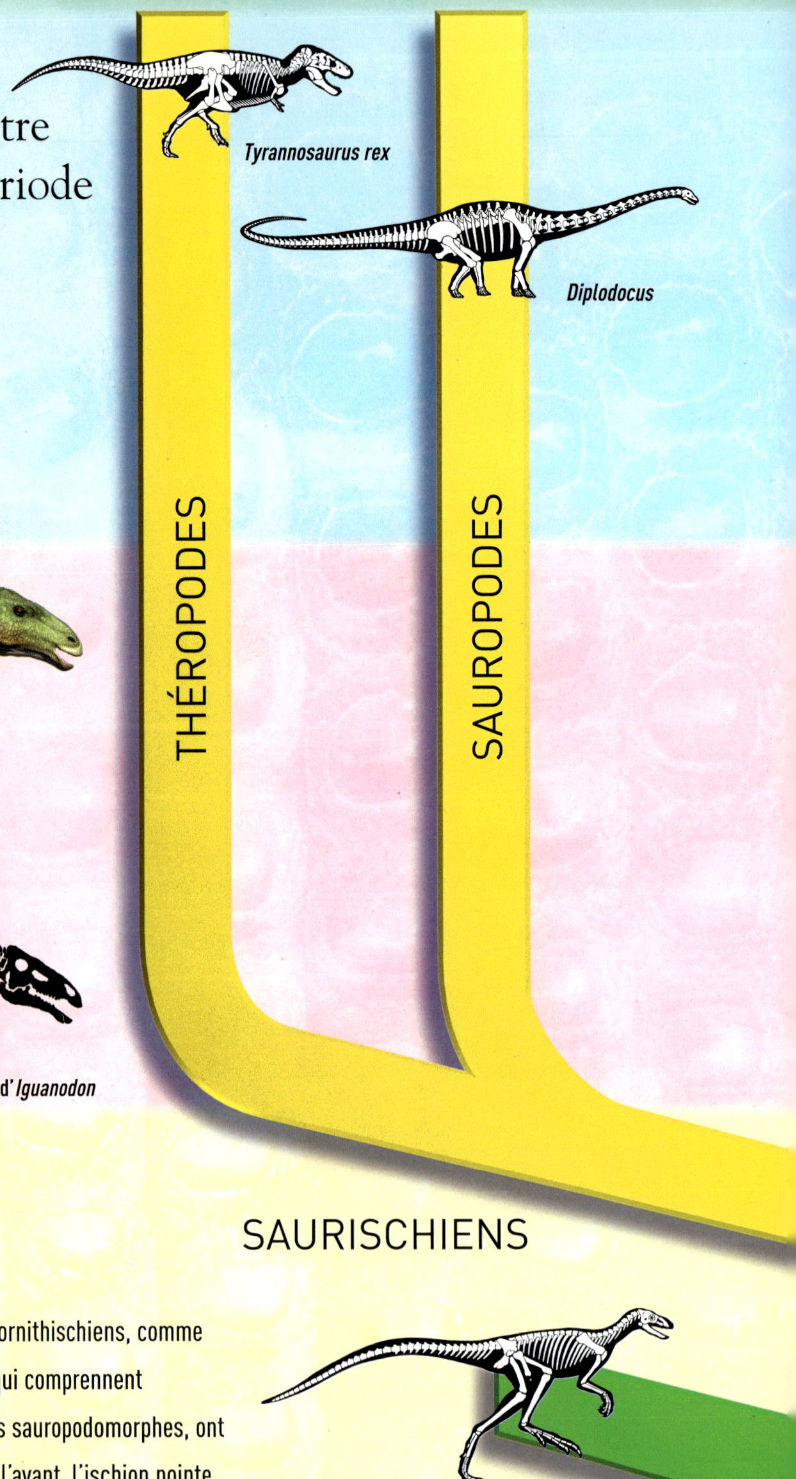

Iguanodon

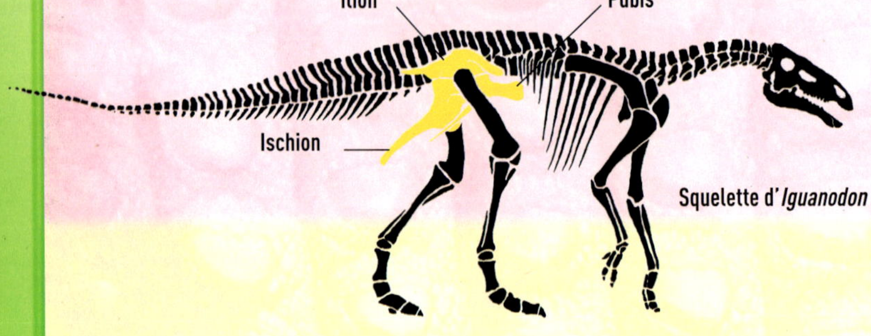

Squelette d'*Iguanodon*

LE BASSIN DES SAURISCHIENS

Les dinosaures se divisent en deux groupes, les saurischiens et les ornithischiens, comme l'a établi le paléontologue Harry Seeley en 1887. Les saurischiens, qui comprennent les théropodes carnivores et les herbivores à long cou du groupe des sauropodomorphes, ont les os du bassin pointant dans trois directions. Le pubis pointe vers l'avant, l'ischion pointe vers l'arrière et l'ilion vers le haut. Cette disposition des os, qui se rencontre chez d'autres reptiles comme les crocodiles, les lézards et les tortues, est considérée comme celle des reptiles primitifs.

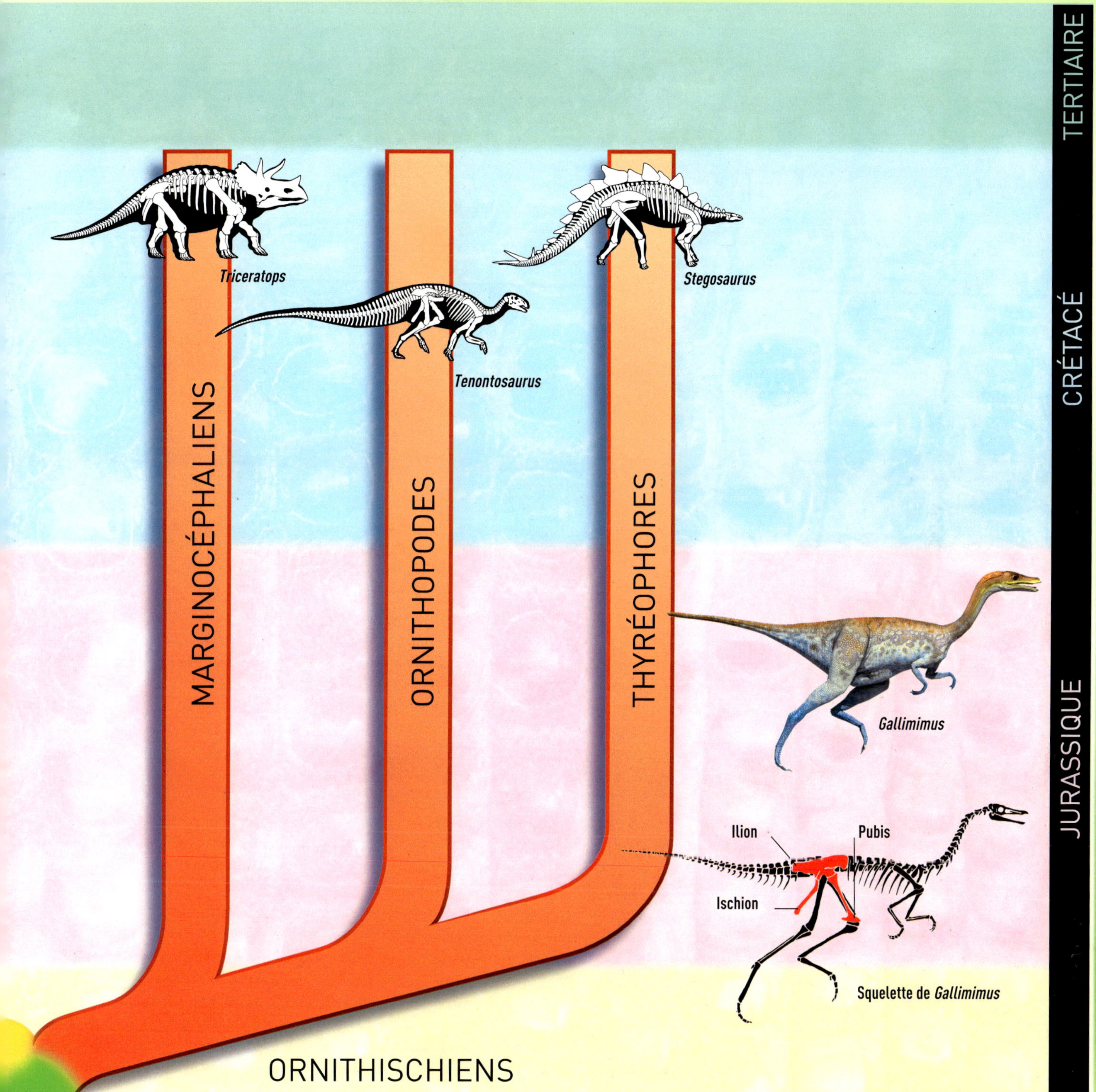

LE BASSIN DES ORNITHISCHIENS

Les ornithischiens ont tous un bassin où le pubis ne pointe pas vers l'avant, mais vers l'arrière, le long de l'ischion. Les ornithischiens et les saurischiens se sont séparés au Trias supérieur, il y a 230 millions d'années. Les ornithischiens regroupent les marginocéphales (avec des cornes et des crânes épais), les ornithopodes (herbivores bipèdes dépourvus d'armures) et les thyréophores (stégosaures et ankylosaures caparaçonnés).

Les gouffres de Bristol

Certains fossiles incroyables du Trias supérieur proviennent d'anciens gouffres dans le sud-est de l'Angleterre. Les animaux vivaient sur un plateau calcaire fissuré par les pluies. Des siècles plus tard, les fissures ont donné naissance à des crevasses, des ravins et des grottes qui façonnent aujourd'hui ce paysage.

GOUFFRES ET OS

Les os appartenaient à des dinosaures et des lézards primitifs qui vivaient sur le plateau calcaire.

Les dinosaures vivaient et mouraient à la surface du plateau.

Leurs carcasses étaient emportées par l'eau au fond des crevasses.

Les os enfouis dans la terre ont été découverts des millions d'années plus tard.

Thecodontosaurus

Le dinosaure découvert près de Bristol est *Thecodontosaurus*, l'un des premiers dinosaures herbivores. Ce petit animal bipède utilisait ses bras pour attraper des plantes. Ses petites dents délicates lui permettaient de couper les tiges et les feuilles.

La faune de Bristol

Aux côtés du dinosaure *Thecodontosaurus (en haut)* vivaient divers animaux aux allures de lézards. L'un d'entre eux s'appelle *Clevosaurus (ci-dessus)*. Ce n'est pas un vrai lézard, mais un parent du sphénodon, un « fossile vivant » de Nouvelle-Zélande, qui ressemble beaucoup à ses ancêtres du Trias.

Kuehneosaurus mesurait environ 70 cm de long et ses « ailes » atteignaient 30 cm d'envergure.

Kuehneosaurus

L'un des animaux les plus étonnants de la faune de Bristol au Trias supérieur était *Kuehneosaurus*. Ses longues côtes qui dépassent de chaque côté et qui devaient être couvertes de peau lui permettaient de sauter et de planer d'arbres en arbres.

Découvertes

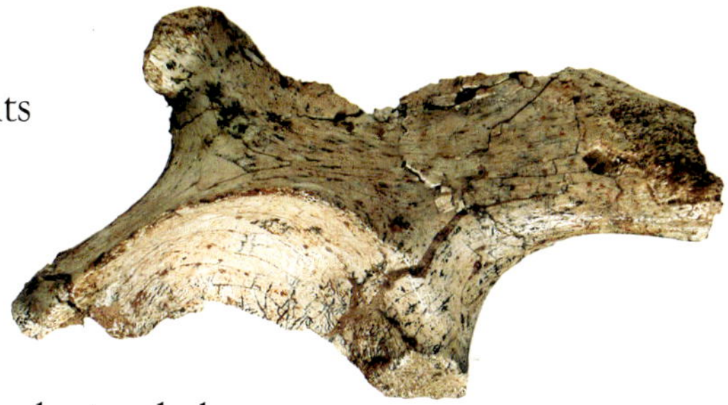

Les premiers ossements fossiles du célèbre *Thecodontosaurus* de Bristol ont été découverts en 1834 dans une carrière de calcaire de la ville. Depuis, des centaines d'ossements et de squelettes ont été dégagés mais ils appartiennent tous à de petits animaux, suffisamment petits pour tomber dans les crevasses et les gouffres.

Anciens gouffres

Les carriers travaillant sur les grandes falaises de calcaire remarquent parfois des veines rougeâtres *(à droite)*. Cette roche rouge correspond au remplissage de sable et de boue d'une ancienne cavité. Elle contient des restes de plantes, de rares insectes, de nombreux ossements de petits dinosaures et d'autres reptiles comme *Kuehneosaurus* ou *Clevosaurus*. Les paléontologues doivent tamiser le sédiment et dégager délicatement les os.

La domination des dinosaures

Après deux extinctions, le nombre des dinosaures a augmenté. La première extinction, à la fin du Carnien, a éliminé les herbivores. La seconde, à la fin du Trias, a fait disparaître de nombreux carnivores. De nouveaux groupes de dinosaures ont alors prospéré et pris leur place.

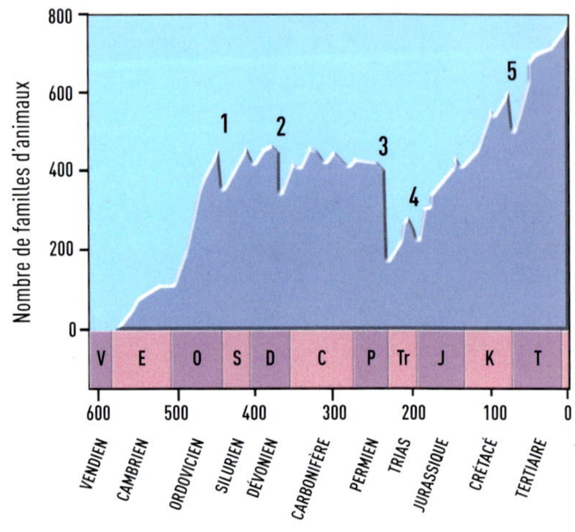

L'extinction de masse de la fin du Trias

Survenue il y a 200 Ma, cette extinction n'a pas seulement affecté les dinosaures et autres reptiles sur la terre ferme, mais aussi des plantes et d'autres animaux ainsi qu'un grand nombre de mollusques et de poissons dans les mers. Elle est due, d'après les hypothèses scientifiques, à l'impact d'une météorite géante et à un réchauffement climatique.

Cinq extinctions majeures

Cinq fois la vie sur Terre a failli disparaître. La quatrième extinction eut lieu à la fin du Trias. La plus célèbre est la cinquième, à la fin du Crétacé, qui provoqua la disparition des dinosaures.

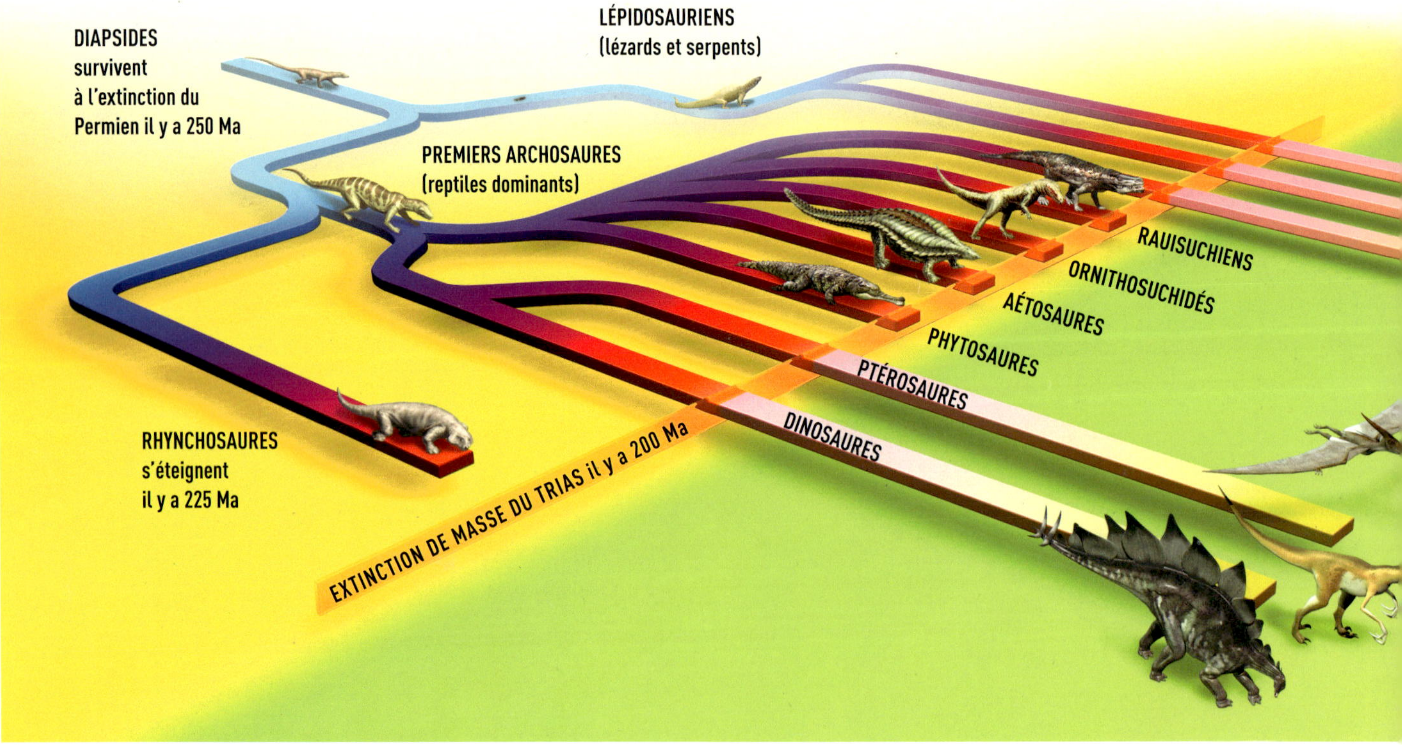

Une nouvelle limite

La limite entre le Trias et le Jurassique s'observe dans plusieurs parties du monde. En Europe, elle correspond à une période de transition. En effet, l'Europe a été massivement recouverte par la mer et, en certains endroits, la transition entre les roches rouges formées dans les déserts chauds et les roches noires marines est particulièrement nette.

À la fin du Trias, il y a 200 Ma, au moins quatre groupes majeurs de reptiles géants disparurent, et l'âge des dinosaures commença.

Le cratère de Manicouagan

Dans les années 1980 au Canada, une découverte fit sensation : un gigantesque cratère de près de 100 km de diamètre. C'est sur les photos prises par satellite que le contour circulaire du cratère, aujourd'hui traversé par des lacs et des rivières, fut révélé. Sa première datation correspondait à la limite Trias/Jurassique, mais on sait désormais qu'il est plus âgé et remonte à 215 Ma.

Le climat se réchauffe

Il y eut des éruptions volcaniques majeures lorsque l'océan Atlantique Nord commença à s'ouvrir. L'Europe était soudée à l'Amérique du Nord, jusqu'à ce que des failles dans la croûte terrestre apparaissent. Les éruptions volcaniques associées à ces failles envoyèrent des nuages de gaz dans l'atmosphère. Le climat se réchauffa, la vie dans les mers stagna et beaucoup d'espèces disparurent.

Les grandes extinctions

Deux grandes extinctions, au cours desquelles plus de la moitié des espèces ont disparu, marquent le début et la fin du Trias. Il y a 65 Ma, une dernière extinction a provoqué la fin des dinosaures. En tout, la Terre a connu cinq crises majeures.

LES CINQ GRANDES EXTINCTIONS

Ce diagramme *(à droite)* montre l'évolution de la vie au cours du temps. La première forme de vie apparaît dans l'eau il y a 3 500 Ma, au Précambrien. Les animaux marins deviennent plus grands et plus nombreux au début du Paléozoïque, il y a 540 Ma. Les plantes et les insectes gagnent la terre ferme il y a 450 Ma, suivis par les premiers amphibiens il y a 400 Ma. Les deux premières extinctions ont un effet majeur sur la vie aquatique. Puis à la fin du Paléozoïque survient la plus grande crise de toutes. Les quatrième et cinquième extinctions marquent la fin du Trias (voir p.30-31) et du Crétacé (voir p. 150-151).

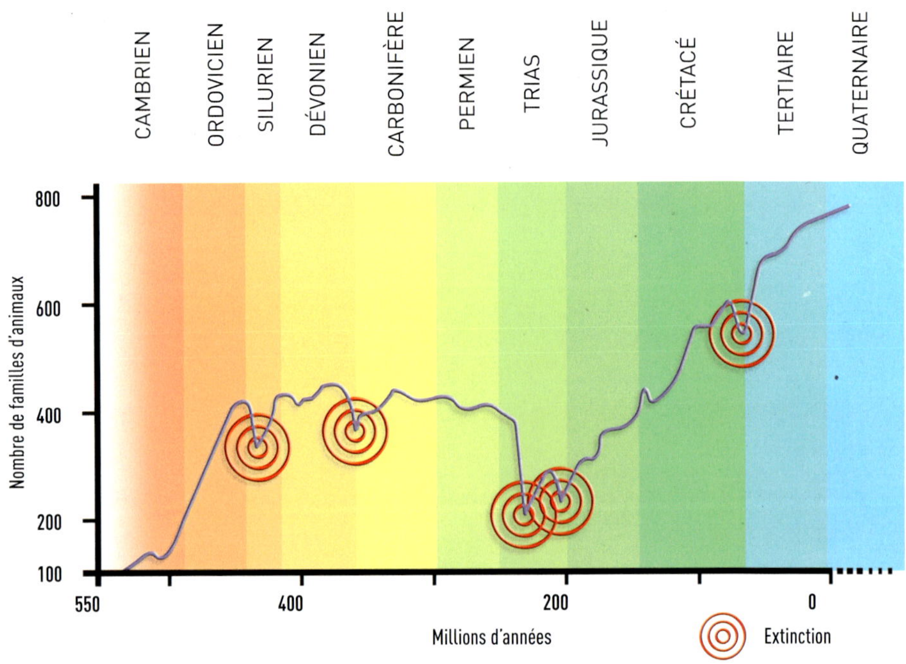

Un fossile de *Coelophysis*, avec son dernier repas (un crocodile primitif) dans l'estomac, découvert à Ghost Ranch en 1947.

SITES INTERNET SUR LES TEMPS GÉOLOGIQUES ET LES EXTINCTIONS

www.hominides.com/html/chronologie/chronoterre.php L'histoire de la vie sur Terre.

www.dinosoria.com/eres.htm L'échelle géologique.

www.jurassic-world.com/dossiers/echelle-temps-geologiques.html L'échelle des temps géologiques.

www.biologieenflash.net/animation.php?ref=geo-0082-3 Les extinctions de masse.

Le règne des dinosaures

Après la disparition de leurs prédateurs lors de l'extinction de la fin du Trias, de nombreuses espèces de dinosaures sont apparues au cours des 30 millions d'années qui ont suivi. Le Jurassique inférieur commence avec des dinosaures proches de ceux du Trias. Les dinosaures cuirassés et les grands prédateurs ne font leur apparition qu'au Jurassique moyen.

Les dinosaures d'Afrique du Sud

Le Jurassique (il y a 200 à 145 millions d'années) a commencé de manière très différente du Trias. De nouveaux groupes de dinosaures firent leur apparition, notamment les ornithopodes herbivores.

Les premiers ornithopodes, dinosaures bipèdes à bassin d'oiseau, sont connus dans les formations Elliott et Clarens d'Afrique du Sud. Ces formations rocheuses sont étudiées depuis cent cinquante ans et continuent à livrer des fossiles exceptionnels.

Lesothosaurus

Lesothosaurus est l'un des ornithopodes les mieux connus du Jurassique inférieur. De la taille d'un renard, il avait de longues pattes postérieures puissantes assurant une course rapide et de petits bras. Ses mâchoires et ses petites dents foliacées trahissent son régime herbivore.

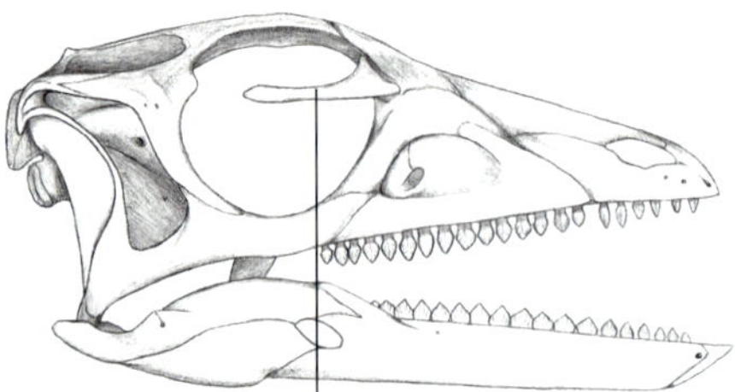

Orbite avec os palpébral

Le crâne présente une orbite de grande taille et un petit os pointu particulier, l'os palpébral, au dessus de l'œil. On ignore pourquoi les ornithopodes possédaient cet os, qui était parfois très développé et formait comme un rebord osseux.

La canine inférieure est si grande qu'on observe une profonde encoche dans le museau.

Les dents de devant devaient couper les feuilles.

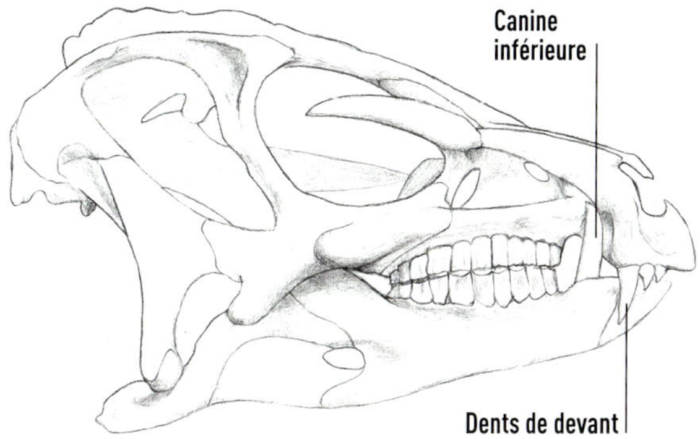

Heterodontosaurus

Apparenté à *Lesothosaurus*, *Heterodontosaurus* avait les dents les plus étonnantes de tous les dinosaures. Ses dents pointues à l'avant étaient parfaites pour couper le feuillage. Ses longues canines lui servaient peut-être d'arme pour se battre et ses molaires devaient broyer la nourriture.

Massopondylus

Ce dinosaure herbivore géant était apparenté à *Plateosaurus* *(voir p. 20-21)*. Mesurant 4 à 6 m de long, il devait peser plus de 2 tonnes. Sa découverte en Amérique du Nord montre également que ces premiers dinosaures pouvaient se déplacer partout sur le supercontinent de la Pangée.

Il pouvait atteindre les hautes branches grâce à son long cou.

Ses petites dents lui permettaient de couper les feuilles, mais pas de les mâcher.

Les fossiles de Kayenta

En Arizona, dans le sud-ouest des États-Unis, une région est célèbre pour ses fossiles de dinosaures du Jurassique inférieur. Les roches s'y sont déposées sous un climat chaud et sec. Elles conservent les restes de centaines de squelettes de dinosaures, crocodiles, mammifères et autres animaux.

Des roches de grès fin

La formation Kayenta atteint 100 m d'épaisseur par endroit. Elle est formée de couches rouges, orange et jaunes de grès plus ou moins fins. La comparaison avec les déserts actuels permet aux géologues de comprendre comment les grès se sont formés.

Le sable des dunes

Certains des grès de Kayenta ont été déposés dans le désert, d'autres dans des rivières et des lacs. Le sable de ces anciens déserts montre encore les traces d'anciennes dunes. Les grains de sable arrondis actuels ont commencé à tournoyer dans ces plaines sauvages, il y a 200 millions d'années.

Un décor de western

Aujourd'hui, la formation Kayenta se trouve dans un grand désert du nord de l'Arizona dont le paysage présente de hautes falaises et des cheminées de fées fournissant un décor idéal pour les westerns ! Les vents sculptent la roche. De rares pluies torrentielles gonflent les torrents qui ravinent le paysage, érodent le sol et arrachent les plantes. Seuls les cactus et les armoises peuvent généralement survivre à cette aridité.

Les dinosaures de Kayenta

La formation Kayenta a livré le premier vrai grand dinosaure carnivore ainsi que des animaux déjà trouvés sur d'autres continents. La plupart des dinosaures et des crocodiles de cette formation ont des parents proches en Afrique du Sud et même en Chine où *Dilophosaurus* fut trouvé en 1987.

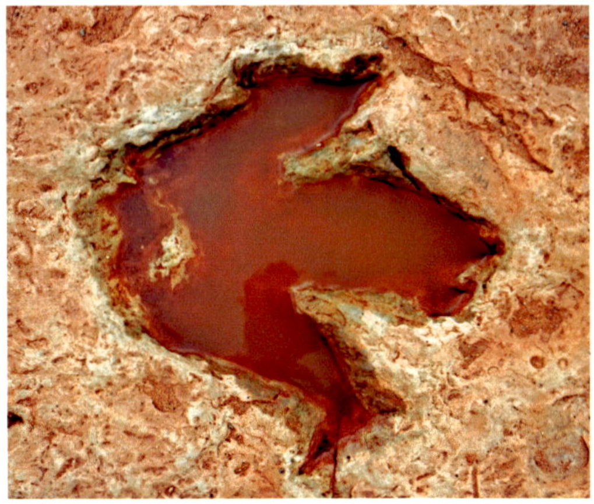

Les longues dents dépassaient la mâchoire inférieure quand la gueule était fermée.

Dilophosaurus

Le dinosaure le plus étonnant de la formation Kayenta est *Dilophosaurus*, mis au jour en 1942 et initialement identifié comme *Megalosaurus*, un dinosaure du Jurassique moyen déjà connu en Angleterre *(voir p. 56-57)*. Un autre squelette découvert par la suite montre deux crêtes osseuses le long du crâne dont la fonction est inconnue. Elles servaient peut-être à dire « attention, j'arrive ! » ou « je cherche un partenaire » aux autres *Dilophosaurus*.

Quelles empreintes ?

Il est rare de pouvoir attribuer avec certitude une empreinte à un dinosaure. Celle d'un grand théropode a été retrouvée à quelques mètres seulement sous les squelettes de deux *Dilophosaurus*.

Syntarsus

Un fossile de *Syntarsus*, petit dinosaure carnivore, a été découvert en Afrique du Sud en 1969, et un crâne a été trouvé en Arizona (États-Unis) en 1989. Cette répartition est plausible, car les continents étaient alors réunis en un seul supercontinent, la Pangée.

Protosuchus

Apparus au Trias, des crocodiles ont gagné les mers *(voir p. 90)* au Jurassique, tandis que d'autres sont restés sur la terre ferme. *Protosuchus* mesurait 1 m de long; son dos était protégé par d'épaisses plaques de peau. Il devait se nourrir de poissons ou de petits animaux terrestres.

Un squelette de crocodile

Le premier squelette de *Protosuchus*, découvert en 1931 par le collectionneur de fossiles Barnum Brown, est conservé au Muséum d'histoire naturelle de New York. *Protosuchus* avait un long museau *(ci-dessus à droite)* et une double rangée de plaques dermiques le long du dos. Il courait sur quatre pattes comme les crocodiles actuels, malgré des pattes postérieures assez longues.

Camp et Welles

La plupart des animaux de la formation Kayenta ont été découverts par deux grands paléontologues de l'université de Californie à Berkeley : Charles Camp (1893-1975) et Sam Welles (1909-1997). Camp a travaillé sur différents groupes fossiles comme les lézards et les dinosaures.

C'EST CULTUREL !

LES DINOSAURES AU CINÉMA

Les dinosaures font du cinéma depuis près de cent ans. En 1993, *Dilophosaurus* était une star dans le film *Jurassic Park* de Steven Spielberg. Ce film est le premier à avoir utilisé avec un tel succès les images de synthèse. Dans le film, *Dilophosaurus* ne faisait qu'un quart de sa taille réelle, il avait une collerette qu'il déployait pour mettre en garde ses ennemis et pouvait cracher du venin.

Empreintes de dinosaures

La formation Kayenta est célèbre aussi bien pour ses empreintes de dinosaures que pour ses squelettes. Les empreintes nous apprennent beaucoup sur la vie des dinosaures. Lorsqu'elles se suivent, elles forment une piste qui nous indique quel dinosaure les y a laissées et nous renseigne sur son poids et sa vitesse.

FORMATION D'UNE EMPREINTE

Les empreintes de dinosaures nous renseignent sur la vie de l'animal qui les a laissées.

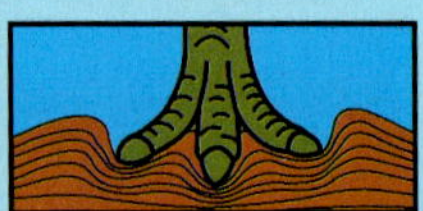

Le dinosaure marche sur de la boue ou du sable, laissant une empreinte.

L'empreinte est comblée par du sable ou de la boue.

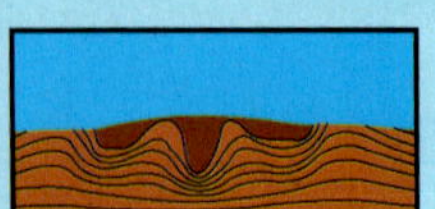

Après plusieurs millions d'années, la boue ou le sable se transforment en roche.

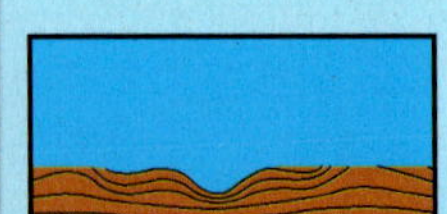

La couche supérieure est érodée, laissant apparaître l'empreinte dans la roche.

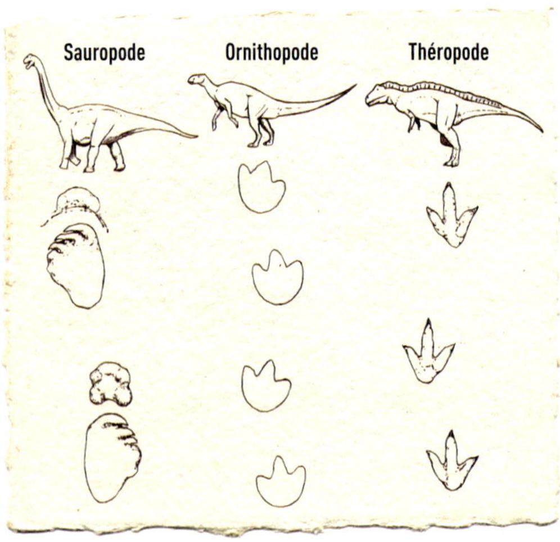

Types de traces

Les empreintes de dinosaures peuvent être identifiées, pour les grands groupes au moins, par le nombre de doigts et la présence de griffes ou de sabots. Elles varient énormément, depuis les petites empreintes de la taille d'une patte de dinde, à celles de plus d'un mètre de large laissées par les sauropodes.

Calculer la vitesse

Si un animal marche, ses empreintes sont rapprochées. S'il court vite, elles sont plus écartées. En connaissant la hauteur de l'animal qui a laissé les traces, il est possible de calculer sa vitesse. La longueur de la patte permet de connaître la longueur de l'enjambée.

Empreinte légère | Empreinte très peu profonde | Empreinte peu profonde | Empreinte profonde | Empreinte sur une surface très meuble

Interpréter les traces

Les empreintes ne nous renseignent pas seulement sur l'auteur des traces et sa vitesse. Certaines pistes témoignent de passages de troupeaux, parfois avec les jeunes protégés au sein du groupe. D'autres montrent la débandade d'un groupe d'herbivores à l'arrivée d'un prédateur.

Une piste de dinosaure

Cette étonnante piste du Crétacé supérieur des montagnes Rocheuses canadiennes montre qu'un ankylosaure est passé par là il y a 70 Ma. On distingue deux rangées d'empreintes : les pattes droites et les pattes gauches. Chaque empreinte va par paires : l'empreinte d'une main puis celle d'un pied. Les empreintes sont espacées d'un mètre environ et indiquent qu'elles ont été laissées par un ankylosaure, comme *Ankylosaurus*, qui marchait lentement.

Les dinosaures de Lufeng

La Chine est célèbre pour ses dinosaures ; ceux de Lufeng sont parmi les premiers à y avoir été découverts dans les années 1930.

ÉVOLUTION
Ces crânes illustrent l'évolution progressive de la forme du crâne depuis les premiers reptiles jusqu'aux premiers mammifères du Trias supérieur et du Jurassique inférieur.

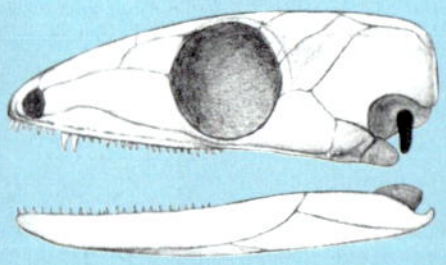

L'articulation de la mâchoire des reptiles se fait tout à fait à l'arrière du crâne et de nombreux os constituent la mâchoire inférieure.

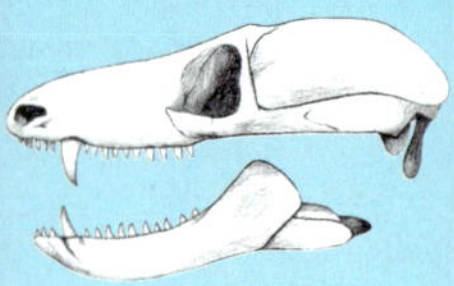

Les reptiles mammaliens du Trias ont une mâchoire inférieure plus courte composée de moins d'os différents.

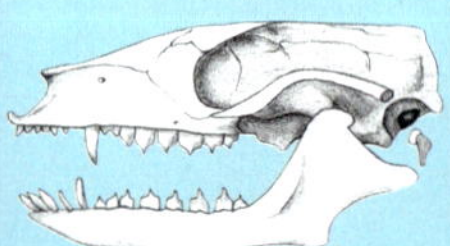

Les premiers mammifères ont une articulation de la mâchoire différente et un seul os constitue la mâchoire inférieure.

Les roches de Lufeng datent du Jurassique inférieur, comme pour la formation Kayenta, et les dinosaures se ressemblent. Toutefois, les espèces sont différentes. La plupart sont de gros herbivores, accompagnés de formes plus petites et de quelques mammifères primitifs.

Lufengosaurus

Des centaines de squelettes de mâles, de femelles et de jeunes ont été mis au jour depuis la découverte des premiers restes de *Lufengosaurus*. Ces dinosaures se déplaçaient en grands troupeaux et atteignaient 4 m de haut en se dressant sur leurs pattes postérieures pour attraper les hautes feuilles. Leurs grandes mains, dotées d'une grosse griffe sur le pouce, servaient peut-être à attraper les branches ou se défendre.

Yunnanosaurus

Les restes de *Yunnanosaurus*, un proche parent de *Lufengosaurus*, sont beaucoup moins courants. Ses dents en cuiller suggèrent qu'il était plus étroitement apparenté aux dinosaures sauropodes plus récents *(voir p. 60-61)*. Il était aussi plus grand, dépassant 7 m de long.

Bassin et membres postérieurs puissants

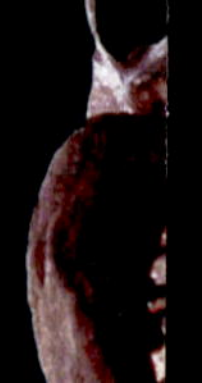

Hadrocodium vivait il y a environ 195 Ma.

Hadrocodium

Les premiers mammifères étaient souvent minuscules. *Hadrocodium* était le plus petit de tous, à peine plus gros que le pouce. Il avait de petits os délicats, se nourrissait d'insectes et sortait la nuit pour se protéger des dinosaures.

C. C. Young

Yang Zhongjian (1897-1979) (qui a occidentalisé son nom en C. C. Young), le « père » de la paléontologie chinoise, fut longtemps le seul spécialiste chinois des dinosaures. Il a découvert *Lufengosaurus* et *Yunnanosaurus* dans les années 1930 et les a baptisés en 1941.

Noms chinois

Depuis les années 1930, les paléontologues chinois ont nommé de nombreux dinosaures. Parmi eux *Micropachycephalosaurus* détient le record du nom de dinosaure le plus long. Il signifie « reptile à petite tête épaisse » et vivait au Crétacé. Certains des noms d'autres dinosaures comme *Xuanhuaceratops* et *Zhejiangosaurus* sont difficiles à prononcer quand on ne parle pas chinois !

DINOSAURES CUIRASSÉS

Au Jurassique inférieur, les premiers dinosaures cuirassés apparaissent. Leur armure permettait probablement à ces herbivores d'avoir de meilleures chances de survivre aux attaques des gros carnivores.

Il y a 190 Ma, l'Angleterre était un lagon tropical avec de petites îles ponctuant le paysage. Les dinosaures vivaient près du rivage.

PEAU FOSSILISÉE

Cette empreinte de peau de *Scelidosaurus (ci-dessous)* présente de nombreuses petites plaques de peau de tailles différentes étroitement imbriquées, comme elles devaient l'être chez l'animal vivant. Ce *Scelidosaurus* a dû être profondément enfoui dans la boue avant que les crabes ou les requins n'attaquent sa peau et sa chair, comme cela arrive généralement quand les carcasses tombent dans la mer.

LE COU DE *SCELIDOSAURUS*

Ce fossile de *Scelidosaurus* montre que son cou était recouvert de grandes plaques dermiques. L'extrémité du museau a été brisée lors de l'extraction du fossile mais remis en place ensuite. On distingue nettement le long de chaque mâchoire les petites dents foliacées de *Scelidosaurus* qui lui permettaient de couper des fougères.

PRÈS DU RIVAGE

Un troupeau de *Scelidosaurus* se repaît de la végétation basse sur le rivage de la mer du Jurassique inférieur dans le sud de l'Angleterre. *Scelidosaurus* est l'un des tout premiers dinosaures quadrupèdes. Long de 4 m et doté de pattes courtes, il n'avait pas besoin de courir vite. La peau de son dos était protégée par de petites plaques dermiques, des rangées de plaques plus grosses et des épines.

L'âge des fossiles

Comment connaître l'âge des dinosaures et dater les roches dans lesquelles ils sont découverts ? C'est la stratigraphie, l'étude des temps géologiques, qui nous renseigne. Cette science étudie les couches de roches, appelées strates. Les premiers savants pensaient que les roches et les fossiles se trouvaient au hasard dans différents endroits, mais les premiers géologues ont réussi à y voir une organisation.

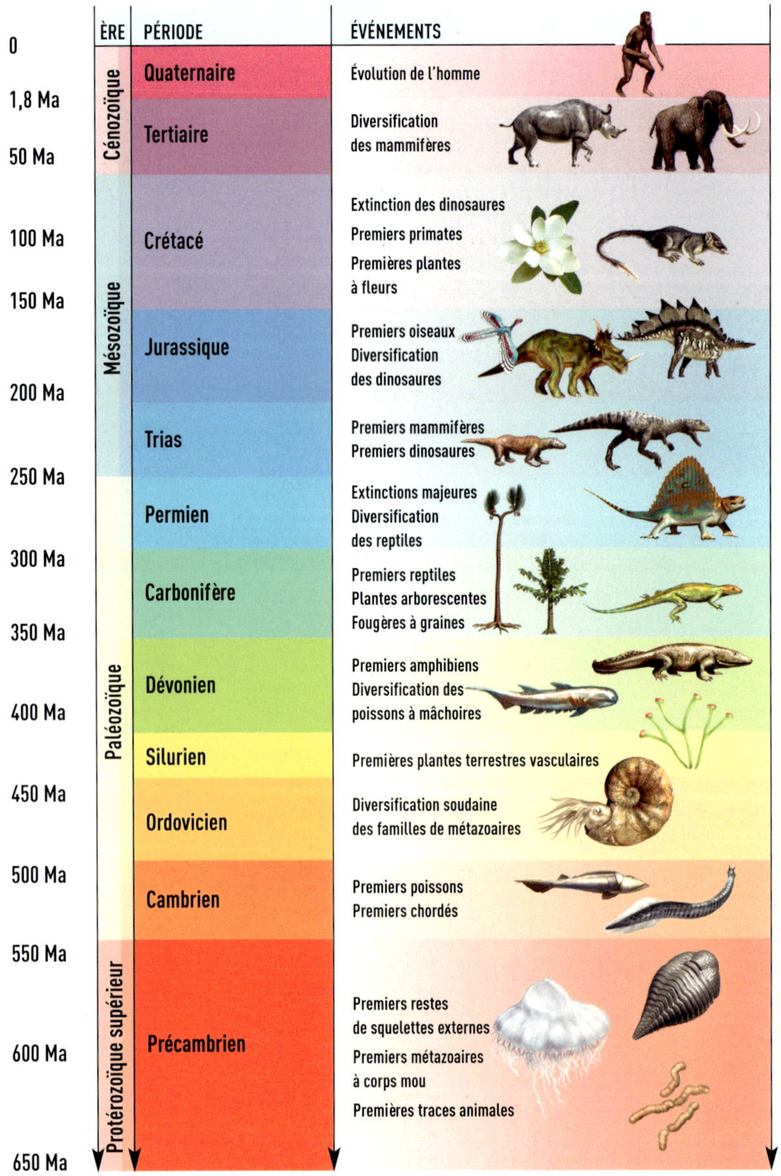

Connaître l'âge des roches

Les roches jeunes reposent sur les roches plus âgées. Ainsi, en étudiant les falaises et les carrières, les géologues réussissent à donner des âges relatifs aux roches. À partir des années 1820, des spécialistes ont commencé à diviser l'épaisseur de roche en périodes géologiques : Trias, Jurassique, Crétacé. Plus tard, l'utilisation d'éléments radioactifs a permis d'obtenir des datations absolues, en millions d'années.

Comparer les roches

Les fossiles permettent de comparer les roches de différents lieux. Le Lias dans le sud de l'Angleterre est daté du Jurassique inférieur en raison de ses fossiles. Des fossiles semblables, donc du même âge, ont été découverts en France et en Allemagne. Ce procédé de corrélation s'appelle la biostratigraphie.

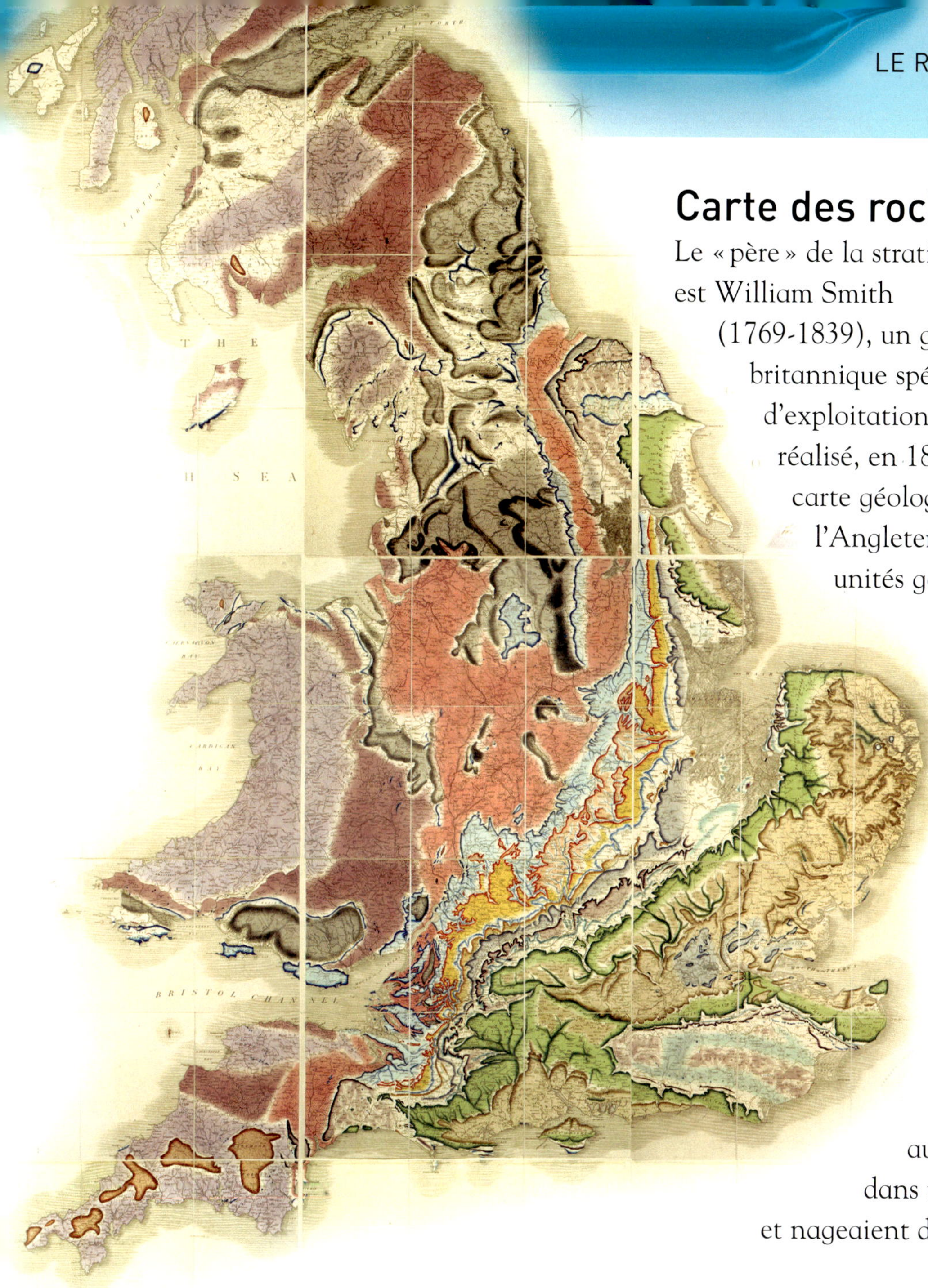

Carte des roches

Le « père » de la stratigraphie est William Smith (1769-1839), un géologue britannique spécialiste d'exploitation minière. Il a réalisé, en 1815, la première carte géologique *(à gauche)* de l'Angleterre, montrant les principales unités géologiques. Il a corrélé les roches d'un endroit à l'autre à l'aide des fossiles.

Ammonites

William Smith savait distinguer un grand nombre d'espèces d'ammonites *(ci-dessous)*, chacune marquant son âge dans les roches. Les ammonites, apparentées aux pieuvres, vivaient dans une coquille enroulée et nageaient dans les mers du Jurassique.

Ammonites fossilisées

Les falaises de Lyme Regis

Certains des fossiles les plus célèbres du Lias, comme *Scelidosaurus*, proviennent des falaises près du village de pêcheurs de Lyme Regis dans le Dorset, au sud de l'Angleterre. Les couches de calcaire étaient exploitées comme pierres de construction. Les ammonites, mais aussi parfois quelques os sont ramassés sur le rivage par nombre d'amateurs.

LES GÉANTS DU LIAS

Au Lias (ou Jurassique inférieur), pendant que les premiers dinosaures régnaient sur la terre, des reptiles géants hantaient les mers. Ils se nourrissaient d'ammonites, de poissons… et s'entredévoraient.

BAIGNADE DANGEREUSE

Les reptiles marins du Lias les plus courants étaient les ichthyosaures, qui ressemblaient aux dauphins. Ils nageaient vite en battant de la queue latéralement et se nourrissaient de bélemnites et de poissons, comme en témoigne le contenu de leur estomac. Les reptiles à long cou sont des plésiosaures qui nageaient en «volant» sous l'eau grâce à leurs palettes natatoires. Ils chassaient les poissons et les petits ichthyosaures.

Une ammonite

Le plésiosaure
Plesiosaurus

MARY ANNING

Mary Anning (1799-1847) était une célèbre collectionneuse de fossiles. Issue d'une famille pauvre de Lyme Regis, elle se consacra à la collecte de fossiles et à leur dégagement. Elle découvrit les premiers squelettes d'ichthyosaures et de plésiosaures à Lyme Regis ainsi que les premiers reptiles volants d'Angleterre. Elle vendit tous ces fossiles mais aussi de nombreuses ammonites et des poissons aux muséums anglais.

L'ichthyosaure
Ichthyosaurus

MUSEAU POINTU

Certains des fossiles découverts à Lyme Regis sont incroyables. Cet ichthyosaure, parfaitement conservé, montre un long museau pointu et des nageoires sous la cage thoracique. Le corps a dû tomber au fond de l'eau et être recouvert par de la boue fine sans subir de perturbation.

Les dinosaures de l'Antarctique

Au Mésozoïque, l'Antarctique n'était pas couvert de glace, mais de forêts luxuriantes. Le climat était beaucoup plus chaud. Toutefois, la rigueur des hivers limitait le nombre de dinosaures.

Les premiers dinosaures d'Antarctique ont été découverts il y a une vingtaine d'années seulement. Depuis, de nombreux squelettes ont été mis au jour, au prix de gros efforts pour fouiller le sol gelé.

Travailler en Antarctique

Ces expéditions sont très coûteuses. Bateaux, avions et hélicoptères sont nécessaires pour transporter les équipes et leur matériel sur place. À la fin de l'été, tout doit être rapatrié. Même l'urine des scientifiques et tous leurs déchets doivent être emportés.

Sur le terrain

Pendant l'été austral en Antarctique, la neige fond et les géologues peuvent apercevoir les roches. C'est pendant cette courte saison que les scientifiques doivent effectuer leur travail, aussi vite que possible. Même si la neige a fondu, l'air est froid et il faut s'habiller chaudement.

Antarctique et Afrique

Aujourd'hui l'Antarctique est une île immense située sur le pôle Sud. Au Trias et au Jurassique, l'Antarctique était reliée à l'Afrique et se situait plus au nord. Les dinosaures y vivaient pendant l'été, mais ils devaient migrer au nord vers l'Afrique pour échapper aux hivers trop rudes.

Glacialisaurus

Le « reptile glacé » est un nom bien choisi pour un dinosaure antarctique, mais au Jurassique inférieur, cet animal ne vivait pas sur la glace. Les ossements découverts sur le mont Kirkpatrick montrent qu'il s'agissait d'un prosauropode proche de *Lufengosaurus* (voir p. 42-43).

Cryolophosaurus

Le premier dinosaure antarctique nommé est aussi le plus spectaculaire. *Cryolophosaurus* était un théropode arborant une crête osseuse sur le front, juste au niveau des yeux. Cette crête était peut-être vivement colorée et utilisée pour la parade. Ce carnivore était probablement apparenté à *Dilophosaurus* *(voir p. 38)*.

Les tritylodontes

Parmi les fossiles du Jurassique inférieur d'Antarctique figurent un ptérosaure et quelques dinosaures. Ce tritylodonte *(ci-dessous)*, un reptile mammalien peu courant, n'est connu que par une seule dent. Les tritylodontes étaient parents des mammifères et se nourrissaient de plantes coriaces qu'ils broyaient avec leurs dents massives.

L'ORIGINE DES OISEAUX

On entend souvent dire que les oiseaux sont des « dinosaures vivants », mais qu'est-ce que cela signifie ? L'étude des os de dinosaures permet aux paléontologues de dresser des arbres généalogiques détaillés qui montrent clairement que les oiseaux sont des dinosaures.

LIGNÉE ANCESTRALE

Les oiseaux sont des théropodes, car ils partagent des dizaines de caractères au niveau du crâne, de la colonne vertébrale, des mains et des pieds. Les oiseaux sont des cœlurosaures, car comme eux ils ont de longs bras et des plumes. Le squelette du premier oiseau, *Archaeopteryx*, ressemble à celui d'un petit dinosaure carnivore.

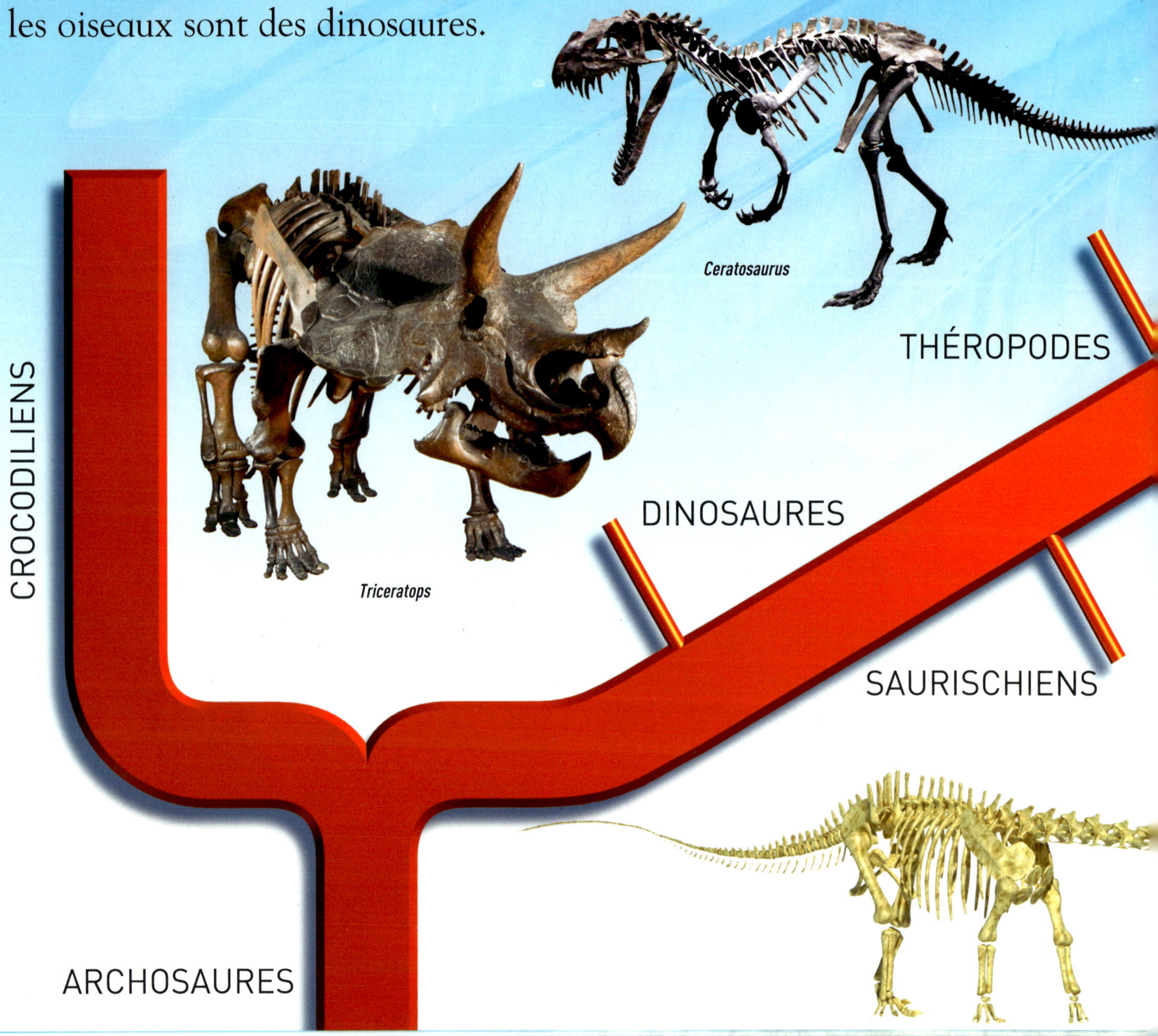

Ceratosaurus

Triceratops

Deinonychus

Pygargue à tête blanche

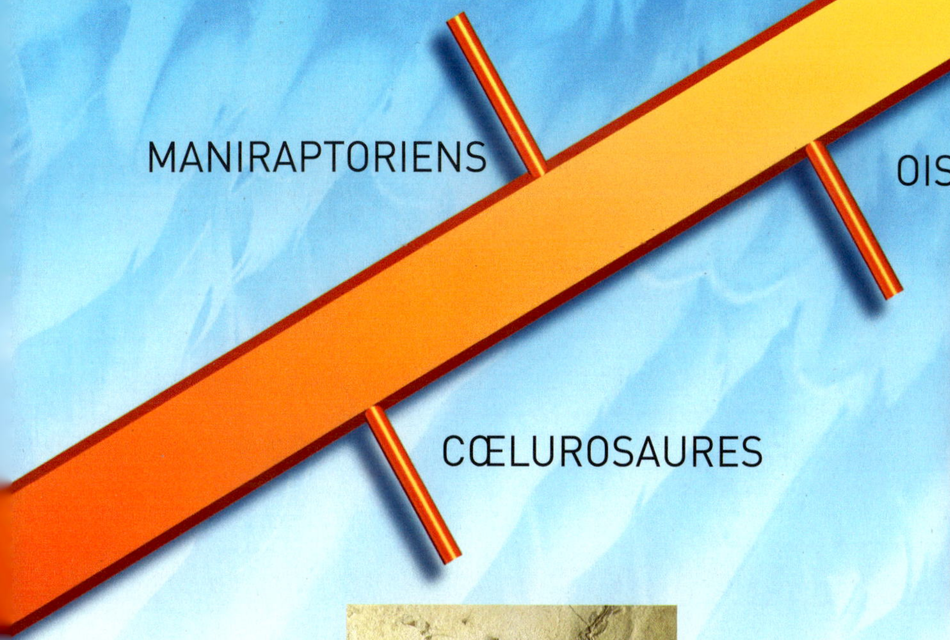

Archaeopteryx

Compsognathus

LES DINOSAURES À TRAVERS LES ÂGES

Au cours de leur règne, les dinosaures se sont beaucoup diversifiés. Le nombre d'espèces n'a cessé d'augmenter sur tous les continents alors que de nouveaux groupes comme les théropodes, stégosaures, ankylosaures et cératopsiens apparaissaient.

Diplodocus

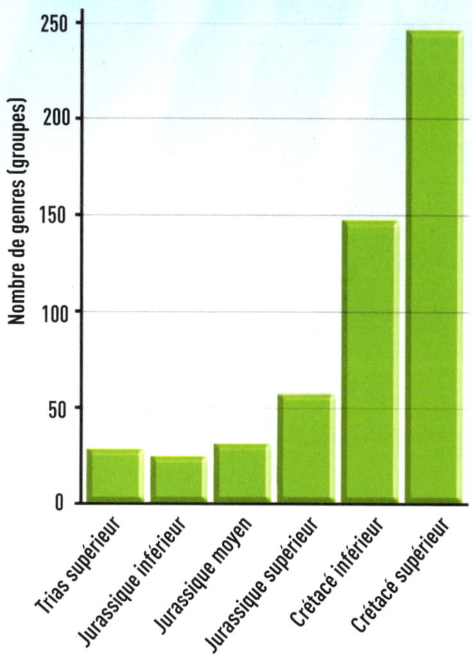

Les théropodes

Les dinosaures carnivores, petits et grands, étaient tous des théropodes. Ils avaient des dents acérées, courbées vers l'arrière et de puissants muscles aux mâchoires. Les théropodes sont apparus au Trias, mais les gros théropodes comme *Dilophosaurus* et *Megalosaurus* ont connu leur apogée au Jurassique.

DIFFÉRENTS CRÂNES
Les habitudes des théropodes se lisent dans leurs crânes, qui diffèrent par la longueur du museau, la forme des dents et la puissance des mâchoires.

Le crâne de *Megalosaurus* était haut et allégé par de nombreuses cavités.

Allosaurus avait un crâne légèrement plus haut, ce qui suggère que sa morsure était plus puissante.

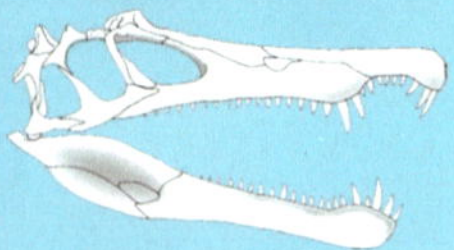

Les spinosaures comme *Suchomimus* avaient le museau allongé comme celui d'un crocodile, adapté pour manger du poisson.

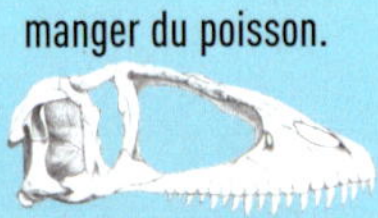

Carcharodontosaurus vivait au Crétacé inférieur, se nourrissant de dinosaures et autres animaux.

Les dents

Presque tous les théropodes avaient des dents recourbées vers l'arrière, empêchant la proie de s'échapper. Les arêtes des dents étaient tranchantes et denticulées comme celles d'un couteau à steak.

Les bras et les jambes

Les théropodes couraient tous sur leurs pattes postérieures, les bras libres. Mais la plupart des théropodes n'utilisaient pas leurs bras pour chasser. Ils attaquaient en mordant le cou de leurs proies et en les plaquant au sol ou en les suivant jusqu'à ce qu'elles s'affaiblissent. Ils devaient ensuite les maintenir au sol de leurs pieds et déchiqueter leur chair.

Mauvaise interprétation

Le premier théropode découvert, *Megalosaurus* *(voir p. 52-53)*, n'était connu que par quelques os. Son découvreur, William Buckland, le voyait comme un lézard géant et Richard Owen comme un mammifère. Ce dessin illustre ce croisement entre un lion et un crocodile.

Qui mange qui au Jurassique ?

Sens de la chaîne alimentaire

Lorsque de nombreux fossiles sont découverts ensemble, ils indiquent qui mangeait quoi. Au Jurassique, les herbivores dominants étaient les dinosaures. Ils étaient mangés par les théropodes. De petits animaux comme les mammifères prenaient place dans cette chaîne alimentaire, se nourrissant probablement d'insectes. Ils étaient eux-mêmes la proie de petits prédateurs comme les crocodiles ou des théropodes.

Un sauropode, *Cetiosaurus*, est la proie de *Megalosaurus*, un dinosaure théropode.

Un petit mammifère, *Megazostrodon*, est la proie d'un jeune *Megalosaurus*.

Megazostrodon se nourrit d'insectes comme cet *Isophlebia*.

Un *Isophlebia* décolle. Il finira probablement dans les mâchoires d'un mammifère affamé.

Les sauropodes, dont *Cetiosaurus*, mangent des plantes comme ces fougères.

La moitié du poids d'un théropode comme *Megalosaurus* était dans sa queue. Elle lui permettait de rester en équilibre lors de sa course bipède. Les muscles les plus puissants de ses pattes postérieures se trouvaient à la base de sa queue qui se balançait d'un côté et de l'autre lorsqu'il avançait.

MEGALOSAURUS

Megalosaurus, terreur du Jurassique moyen, mesurait environ 9 m de long pour un poids d'une tonne. Ce théropode avait des pattes postérieures puissantes et des bras forts lui permettant d'attraper ses proies. Il devait être un prédateur rapide se nourrissant de proies comme le stégosaure *Dacentrurus*.

GRAND PRÉDATEUR

On a découvert des restes de *Megalosaurus* dans le Jurassique moyen d'Angleterre et de France. À chaque fois, *Megalosaurus* était le prédateur dominant, capable d'attaquer n'importe quel herbivore qui vivait à l'époque. Certaines communautés de dinosaures plus anciennes n'avaient pas de prédateur dominant. *Megalosaurus*, lui, était suffisamment gros pour manger tous les autres.

Mâchoire inférieure droite de *Megalosaurus* dessinée par Buckland

BAPTISER UN DINOSAURE

En 1824, *Megalosaurus* fut le premier dinosaure à être baptisé. Des fossiles récoltés par des collectionneurs près d'Oxford en Angleterre furent donnés à William Buckland (1784-1856). Le savant nomma *Megalosaurus*, dont le nom signifie « gros lézard », ce qui correspondait à l'idée qu'il s'en faisait.

Moyens de défense

Les stégosaures se sont diversifiés au Jurassique moyen et supérieur. Les spécialistes s'interrogent toujours sur le rôle de leurs pointes et de leurs plaques. L'armure des stégosaures n'était pas parfaite car un théropode pouvait mordre leurs flancs. Les épines et les plaques faisaient paraître l'animal plus gros qu'il n'était et pouvaient dissuader l'assaillant.

Comme les autres stégosaures, *Dacentrurus* avait quatre doigts aux mains et trois orteils aux pieds.

Dacentrurus

L'un des premiers stégosaures, *Dacentrurus*, a été découvert dans le Jurassique moyen et supérieur du Portugal, de France et d'Angleterre. On n'en connaît pas de squelette complet. Long de 6 à 10 m, il avait deux rangées de petites plaques et d'épines le long de son dos.

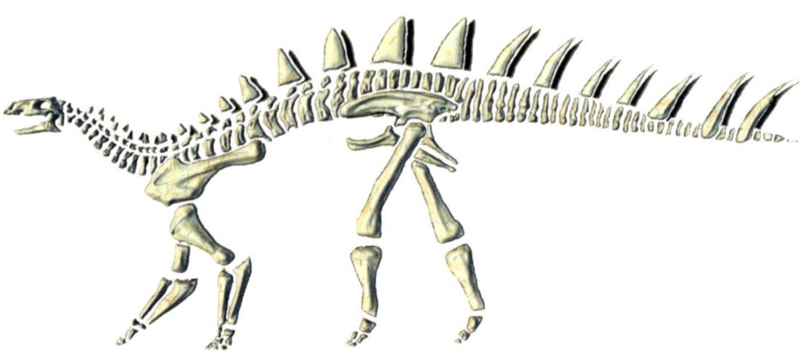

Lors d'une attaque par un prédateur, *Dacentrurus* se défendait peut-être d'un coup de sa queue hérissée d'épines.

C'EST SCIENTIFIQUE !

PROTECTION OSSEUSE

Les stégosaures avaient un crâne très épais de forme presque tubulaire qui protégeait leur cerveau minuscule si célèbre. Cette photo montre un grossissement de l'orbite avec un épaississement important au-dessus. On distingue aussi l'arrière de la rangée dentaire, avec des petites dents triangulaires qui permettaient aux stégosaures de broyer les plantes.

Huayangosaurus

Ce stégosaure chinois ressemblait certainement à *Dacentrurus*, mais ses plaques et ses épines étaient différentes. Plus petit, avec seulement 4,5 m de long, il était probablement la proie de *Gasosaurus*. Il provient du site de Zigong *(voir p. 94-95)* où 12 squelettes ont été trouvés.

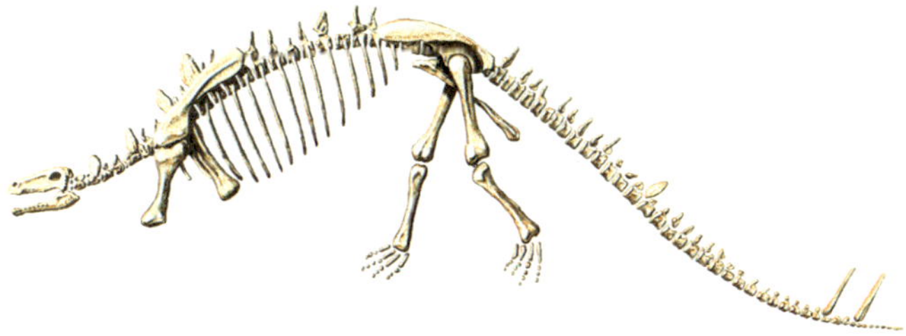

LES SAUROPODES

Les sauropodes étaient les dinosaures les plus incroyables par leur gigantisme. Leurs ancêtres prosauropodes étaient beaucoup moins gros. Les biologistes se demandent comment de tels géants pouvaient vivre, trouver assez de nourriture, comment ils grossissaient autant et quels étaient leurs ennemis.

MIGRATION

Après avoir débarrassé de leurs feuilles les arbres et les buissons d'une région, les sauropodes devaient migrer pour se nourrir. Comme les éléphants aujourd'hui, chaque troupeau empruntait peut-être une piste régulière qu'il suivait à différentes périodes de l'année. Des empreintes montrent que les troupeaux de sauropodes en déplacement étaient organisés, avec les plus gros animaux vers l'extérieur et les jeunes protégés au centre.

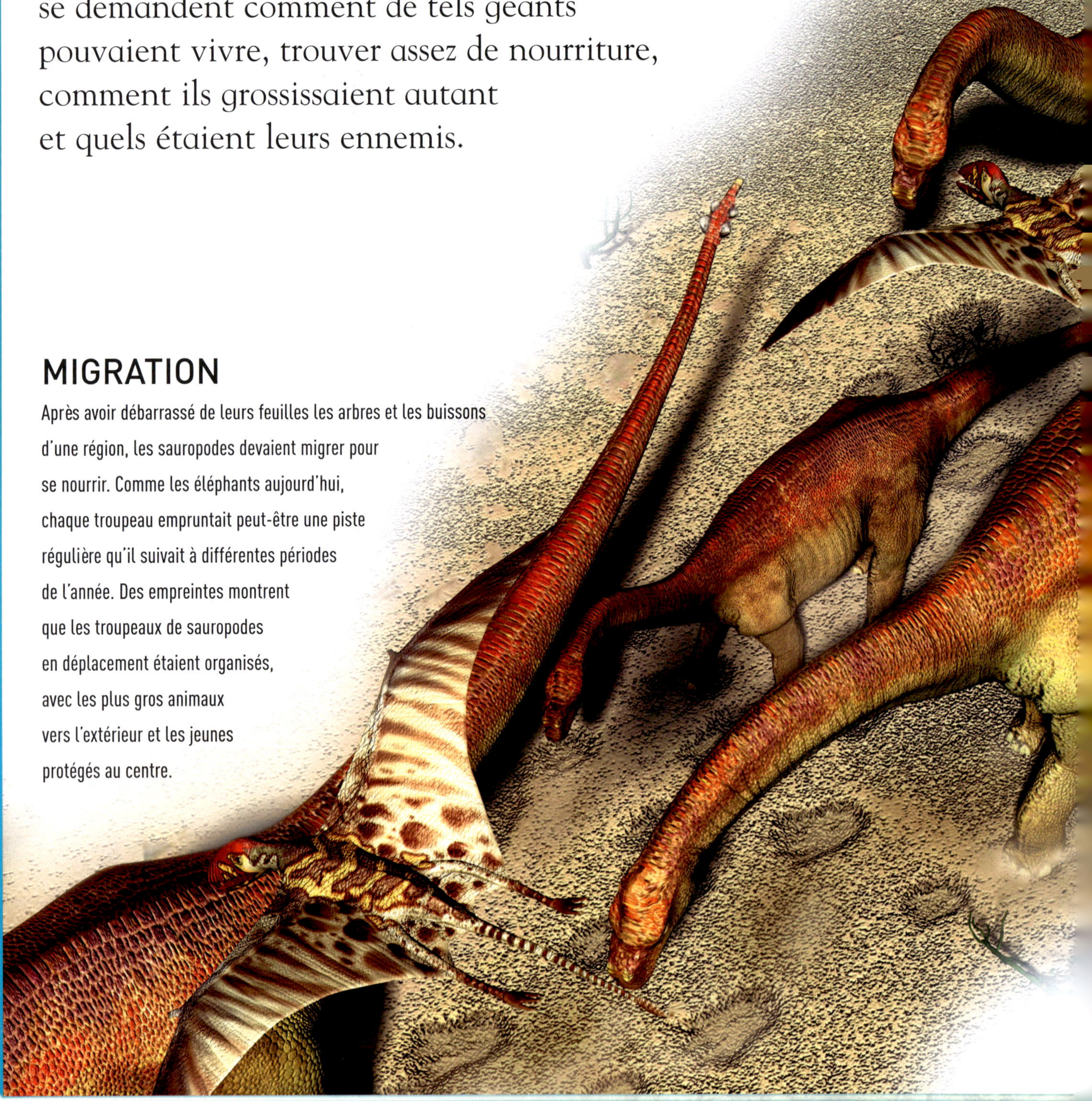

LES GÉANTS

Les premiers sauropodes, comme *Shunosaurus* et *Cetiosaurus* du Jurassique moyen étaient de taille moyenne. Les sauropodes plus récents comme *Brachiosaurus* devaient peser jusqu'à 50 tonnes. Les bébés sauropodes mesuraient un mètre au plus lors de leur éclosion et devaient atteindre leur taille adulte en 10 ou 20 ans.

Shunosaurus
11 tonnes

Cetiosaurus
24 tonnes

UN RÉGIME HERBIVORE

Un sauropode de 20 tonnes devait manger beaucoup de plantes pour survivre. Des études sur des plantes similaires à celles du Jurassique montrent que les prêles, certaines fougères et les conifères étaient aussi nutritifs que l'herbe actuelle. Ils constituaient probablement le régime des sauropodes. Toutefois, les fougères arborescentes et les cycas, moins nutritifs, devaient être délaissés.

Au laboratoire

Dent pointue de *Stereognathus*, un petit reptile herbivore étroitement apparenté aux mammifères

Pour trouver des indices sur la vie préhistorique, les fossiles minuscules se révèlent aussi utiles que les os géants. Les paléontologues doivent laver et tamiser des tonnes de sédiments pour trouver les dents et les os des tout petits animaux.

Hornsleasow

Le centre de l'Angleterre a livré d'incroyables restes de minuscules animaux du Jurassique moyen. Un site à Hornsleasow s'est révélé très riche : dix tonnes de sable ont livré des milliers d'os de poissons, de grenouilles, de salamandres, de crocodiliens et de tortues qui vivaient dans de petites mares, ainsi que des végétaux.

Vue d'artiste de la faune d'Hornsleasow

Les fossiles d'Hornsleasow

Les fossiles d'Hornsleasow comprennent des crocodiliens et de petits dinosaures théropodes, qui chassaient des lézards primitifs et des petits mammifères. Les restes de mammifères sont très rares, mais quelques espèces insectivores ont été identifiées. On y trouve aussi quelques ossements de reptiles volants.

Tamisage

Les petits os sont généralement trouvés par tamisage. Les sédiments récoltés sont lavés pour les débarrasser de la boue, puis tamisés. Les déchets passent à travers les mailles tandis que les os et les dents sont retenus par le tamis.

Dessins

Les paléontologues dessinent et photographient les fossiles découverts, comme ce crâne *(à droite)*. Cela permet ensuite de réassembler les morceaux des petits fossiles qui risquent de se briser.

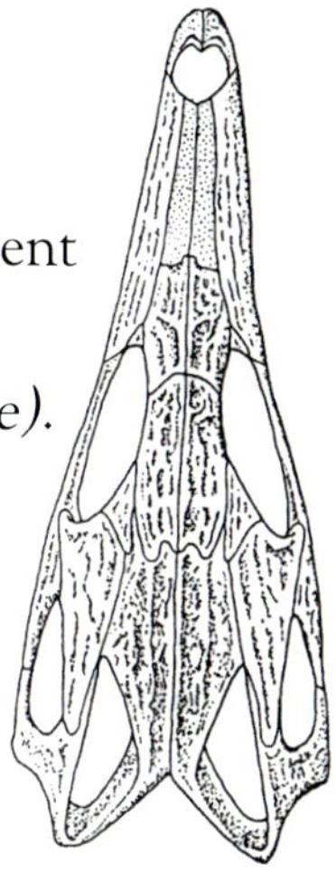

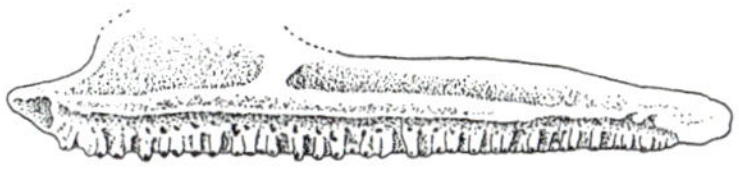

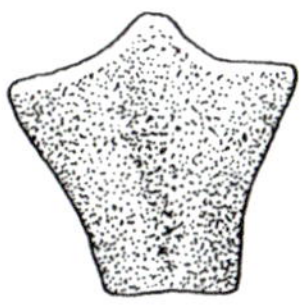

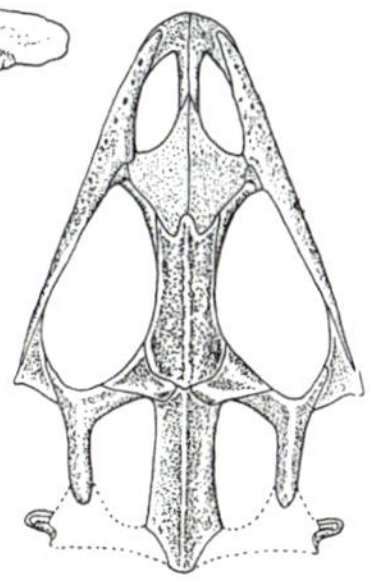

Microtomographe ?

Les paléontologues peuvent maintenant « voir » à l'intérieur des fossiles grâce au microtomographe. Cet appareil fait des tranches virtuelles du fossile qui permettent par ordinateur de reconstituer une image 3 D de l'intérieur de l'échantillon. Ce procédé est très utile car il n'est pas destructif.

Microscope ?

Le microscope électronique à balayage (MEB) permet aux chercheurs d'observer de minuscules détails sur les fossiles, mais aussi d'obtenir des photos de grande qualité et parfois d'analyser la structure chimique de l'échantillon. Il est très difficile d'obtenir de bons clichés de petits fossiles avec un microscope optique car la mise au point ne se fait qu'à un seul niveau. Avec le MEB, on obtient une bien meilleure profondeur de champ.

C'EST SCIENTIFIQUE !

SAVOIR PRÉPARER LES FOSSILES

Sur le terrain, les plus gros fossiles sont extraits de la roche et enveloppés de bandes de plâtre pour les protéger. Au laboratoire, la coque de plâtre est ouverte et la roche est délicatement éliminée de l'os. Ce travail, effectué à l'aide de petits outils pneumatiques, demande parfois des jours. Les os sont ensuite enduits de consolidant et assemblés pour être exposés.

Records

Les dinosaures sont célèbres car ils pulvérisent tous les records, y compris celui du plus gros animal terrestre de tous les temps. Il est parfois difficile d'établir avec précision la taille des dinosaures et surtout d'en connaître le poids.

LES PLUS LONGS

• *Amphicoelias* est souvent considéré comme le plus long avec ses 40 à 60 m estimés, mais il n'est connu que par quelques os.
• Le plus long dinosaure complet trouvé est *Supersaurus*, du Jurassique supérieur d'Amérique du Nord, qui mesurait de 33 à 34 m de long *(voir p. 70-71)*.
• Le plus long dinosaure prédateur était probablement *Spinosaurus*, du Crétacé inférieur d'Afrique du Nord, avec environ 14 à 18 m de long et un poids de 20 tonnes. Ce qui est bien plus grand que *Tyrannosaurus rex* qui mesurait de 12 à 13 m de long et pesait de 6 à 9 tonnes.

LE PLUS GRAND

• Le plus grand dinosaure était probablement le sauropode *Brachiosaurus*, du Jurassique supérieur de Tanzanie *(voir p. 68-69)*, qui mesurait 25 m de long mais pouvait lever la tête à une hauteur de 13 m au-dessus du sol.

LE PLUS LOURD

• Ce devait être *Amphicoelias* avec ses 120 tonnes estimées, mais ce dinosaure est si incomplet qu'il est difficile d'en être sûr. C'est alors *Argentinosaurus* du Crétacé moyen d'Argentine avec ses 30 m de long et près de 80 tonnes qui détiendrait le record.

LE PLUS PETIT

• Le petit théropode *Mei* du Crétacé inférieur de Chine ne dépassait pas 53 cm de long et pesait entre 2 et 3 kilos.

ŒUFS DE DINOSAURES

• Les plus gros œufs de dinosaures qui mesurent 30 cm de long et 25,5 cm de diamètre peuvent contenir près de 3,3 litres d'eau. Ces œufs ont été pondus par des sauropodes et découverts en France et en Argentine.
• Les plus petits œufs de dinosaures ont été trouvés en 2005 dans le Crétacé de Thaïlande. Ils mesurent 18 mm de long et ont la taille d'un œuf de mésange.

Fossile d'une femelle ichthyosaure avec 5 petits en gestation

SITES INTERNET SUR LES RECORDS DES DINOSAURES

www.dinosoria.com/espece.htm Encyclopédie des dinosaures par espèce.

www.ifrance.com/Dinosaures/ Fiches descriptives, dessins et questions-réponses sur les dinosaures.

www.jurassic-world.com/dossiers/classification-dinosaures.html La classification des dinosaures.

Le temps des géants

Le Jurassique supérieur était l'époque des dinosaures géants. Les sauropodes célèbres comme *Diplodocus* et *Brachiosaurus* parcouraient le monde, se nourrissant de conifères et de prêles. Des dinosaures cuirassés et des théropodes, petits et grands, complétaient cet écosystème. Des reptiles volants et marins sont aussi apparus à cette époque.

Les géants du Jurassique

Le plus grand dinosaure connu est *Brachiosaurus*, trouvé en Amérique du Nord en 1903 puis en Afrique dix ans plus tard. Ce géant mesurait 25 m de long. Les premiers fossiles trouvés au Wyoming (États-Unis) étaient des vertèbres et des os des membres. Puis Werner Janensch découvrit des squelettes bien plus complets en Tanzanie *(voir p. 68-69)*.

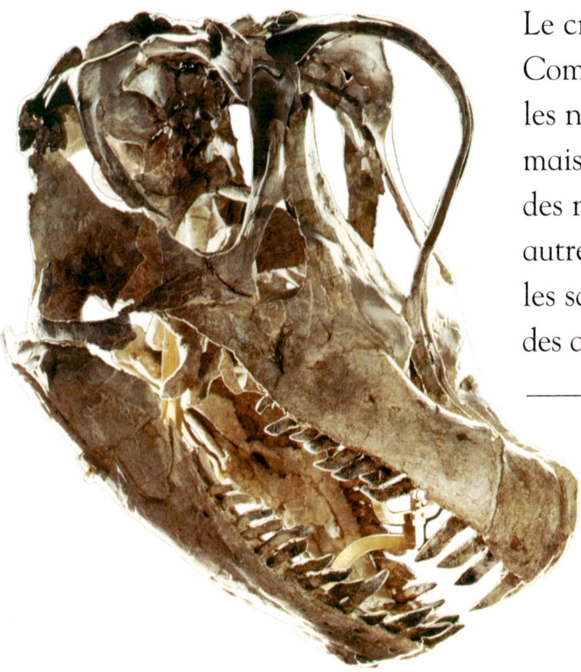

Crâne fossilisé

Le crâne de *Brachiosaurus* est plein de trous. Comme chez de nombreux sauropodes, les narines ne sont pas au bout du museau, mais entre les orbites. Cette position haute des narines sur le crâne laissa autrefois supposer que les sauropodes étaient des animaux marins.

Le long cou était probablement maintenu vers l'avant, mais il pouvait être levé à près de 13 m pour atteindre les feuilles des grands arbres.

Terrestres ou marins ?

L'un des mystères sur les dinosaures géants comme *Brachiosaurus* était de savoir comment ils réussissaient à soutenir leur masse de 50 tonnes. C'est pourquoi certains paléontologues pensaient qu'ils vivaient dans l'eau et qu'ils pouvaient flotter. Des empreintes de pas prouvent toutefois qu'ils vivaient bien sur la terre ferme.

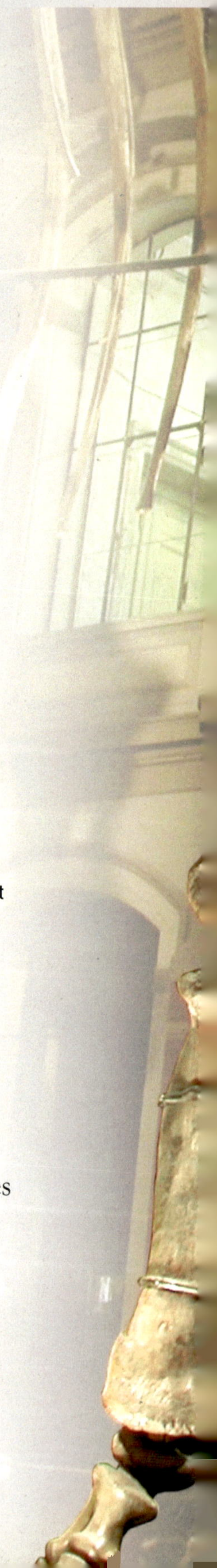

Montage des ossements

Lorsque les os de Tanzanie sont arrivés en Allemagne, au Humboldt Museum, Werner Janensch réalisa qu'il en avait assez pour reconstituer un squelette de *Brachiosaurus* presque complet, que l'on peut encore admirer aujourd'hui. C'est le plus grand spécimen quasiment complet exposé au monde.

Les dinosaures de Tanzanie

Les dépôts du Tendaguru en Tanzanie ont livré une incroyable série de squelettes de dinosaures. À l'époque de leur découverte, personne ne soupçonnait la présence de dinosaures en Afrique.

Dans cette région, alors colonie allemande, les géologues avaient mentionné des os énormes sur la colline de Tendaguru. Entre 1909 et 1913, le Humboldt Museum de Berlin y organisa des expéditions.

Werner Janensch

Les expéditions du Tendaguru étaient dirigées par Werner Janensch (1878-1969), conservateur du Humboldt Museum, qui passa cinquante ans à étudier ces dinosaures.

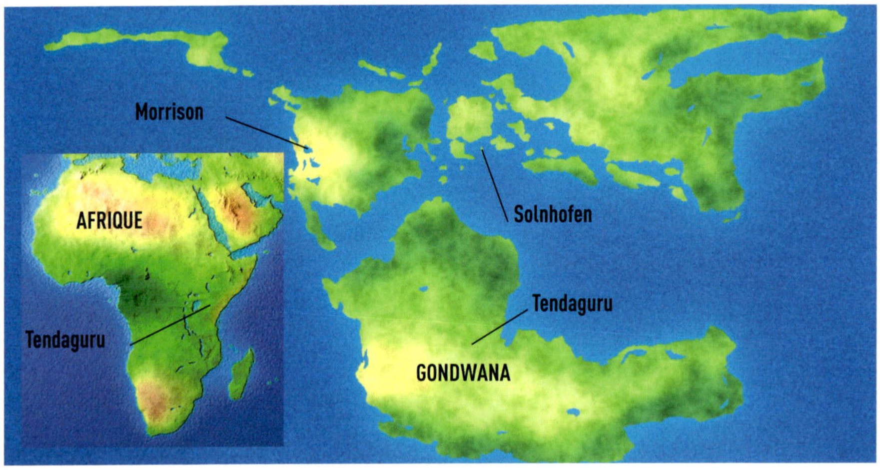

Tendaguru sur la carte

Tendaguru est à 100 km des côtes d'Afrique de l'Est *(petite carte)*. Au Jurassique *(carte principale)*, la colline se situait au milieu du Gondwana. Les dinosaures sont très proches de ceux de la formation Morrison d'Amérique du Nord *(voir p. 74-75)*. Ils devaient donc traverser les ponts continentaux. Solnhofen en Europe a livré certains ptérosaures identiques *(voir p. 82-83)*.

Dryosaurus

L'ornithopode *Dryosaurus* a été découvert dans la formation Morrison en 1878. Il se nourrissait de la végétation basse. Des restes du même dinosaure ont été trouvés au Tendaguru, une preuve du contact terrestre maintenu entre les continents.

Dryosaurus mesurait jusqu'à 4,5 m de long.

Il devait être difficile à *Barosaurus* de maintenir la tête longtemps levée.

Barosaurus mesurait jusqu'à 27 m de la tête au bout de la queue.

Elaphrosaurus

Nommé en 1920 par Janensch, *Elaphrosaurus* est un prédateur peu commun du Tendaguru. Cet animal de 6 m de long était mince et avait de longs doigts fins. Il devait chasser de petits dinosaures comme *Dryosaurus* ainsi que des lézards et des mammifères.

Nouvelles découvertes

Ces dernières années, de nouvelles expéditions au Tendaguru ont livré les restes de plus petits animaux comme les ptérosaures et les mammifères. Les fouilles antérieures, il y a un siècle, ont été si exhaustives qu'il ne reste plus un os de dinosaure.

Barosaurus

Ce dinosaure a tout d'abord été trouvé en Amérique du Nord, en 1890, puis au Tendaguru en 1908. Ce sauropode pouvait lever la tête pour atteindre les feuilles des arbres, mais cette position devait perturber sa circulation sanguine. *Barosaurus* gardait donc probablement la tête au niveau des épaules la majeure partie du temps.

LES PLUS GROS DINOSAURES

Les sauropodes étaient les plus gros dinosaures. Certains pouvaient peser plus de 60 tonnes. Ils étaient jusqu'à dix fois plus lourds que le plus lourd des éléphants qui existe de nos jours.

JENSEN ET *SUPERSAURUS*

La taille gigantesque de certains sauropodes est illustrée par cette omoplate. Son découvreur, Jim Jensen, allongé près de l'os, mesure près de 2 m. Il a découvert ces os dans la formation Morrison dans le Colorado en 1972 et baptisé cet énorme dinosaure *Supersaurus*. Certains pensent que *Supersaurus* n'était qu'un grand spécimen de *Diplodocus*, mais la plupart des spécialistes s'accordent aujourd'hui à dire qu'il s'agissait d'un sauropode à part, qui inclut les restes d'un autre géant, *Ultrasauros*.

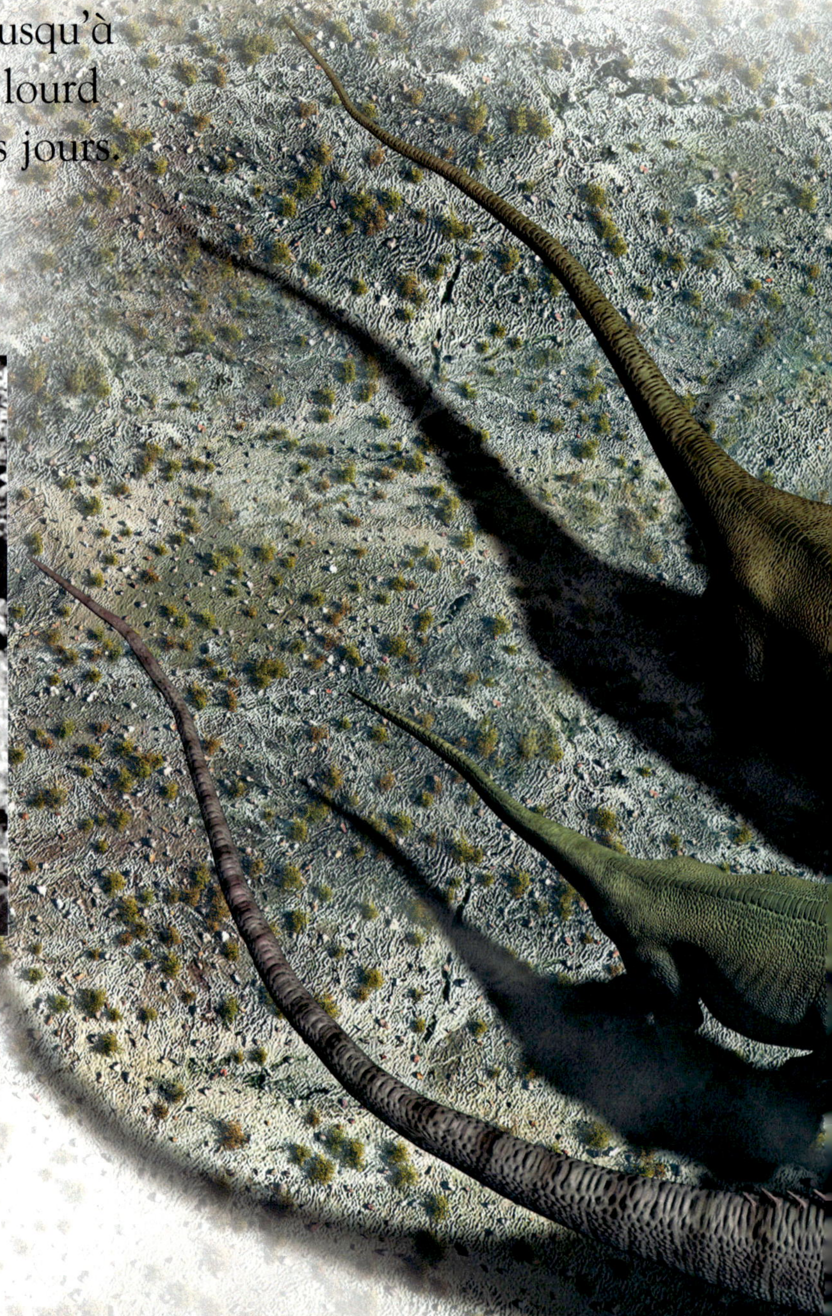

Ce défilé de sauropodes rassemble tous les géants : *Amphicoelias* (jusqu'à 60 m), *Argentinosaurus* (jusqu'à 30 m), *Bruhathkayosaurus* (jusqu'à 34 m), *Diplodocus* (jusqu'à 35 m), *Sauroposeidon* (jusqu'à 35 m), et *Supersaurus* (jusqu'à 34 m).

DÉFILÉ DES GÉANTS

Les sauropodes mesurent de 7 à 60 m de long et le débat est toujours ouvert pour connaître le plus grand. De nombreux squelettes de sauropodes sont incomplets et certains des plus grands ne sont connus que par quelques os des membres ou des vertèbres. Les squelettes les plus complets sont ceux de *Brachiosaurus* et de *Diplodocus*. *Argentinosaurus* ou *Amphicoelias* étaient peut-être même encore plus grands.

La guerre des os

Durant vingt ans, deux paléontologues se sont affrontés dans une course effrénée pour trouver et nommer de nouvelles espèces de dinosaures dans l'Ouest américain. Cope et Marsh étaient amis et ont travaillé ensemble jusqu'en 1870. L'exploitation d'un gisement particulièrement riche a marqué le début de leur rivalité.

Othniel Charles Marsh

Marsh était professeur à l'université de Yale. Il a nommé 80 nouvelles espèces de dinosaures, parmi lesquels *Allosaurus* et *Diplodocus*, ainsi que l'oiseau crétacé *Ichthyornis*.

Edward Drinker Cope

Cope était professeur à l'université de Philadelphie. Il a publié 1 200 articles scientifiques et nommé plus de 70 espèces de dinosaures, dont *Camarasaurus* et *Coelophysis*.

Les équipes de terrain

Marsh et Cope payaient des ouvriers pour extraire les os qui étaient placés dans des caisses et transportés par train. Ils n'avaient pas le temps de cartographier le site ou de protéger les os.

Apatosaurus

Marsh baptisa *Apatosaurus* en 1877, d'après quelques os isolés de la formation Morrison *(voir p. 74-75)*. Comme les restes étaient très incomplets, Marsh ne pouvait pas dire à quoi il ressemblait, ni comment il vivait, mais il savait qu'il s'agissait d'un sauropode.

Marsh savait qu'*Apatosaurus* était différent des autres découvertes de la formation Morrison.

Brontosaurus

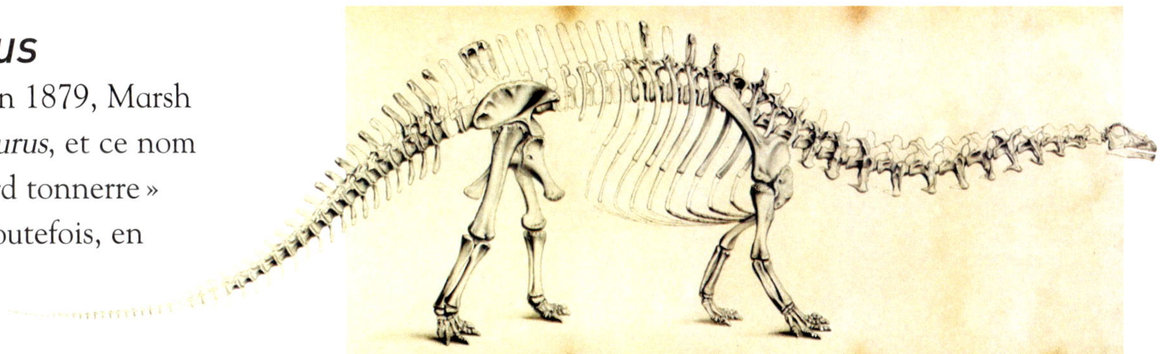

Deux ans après, en 1879, Marsh nomma *Brontosaurus*, et ce nom qui signifie « lézard tonnerre » devint célèbre. Toutefois, en 1903, un autre paléontologue comprit que les deux animaux n'en faisaient qu'un. Le nom le plus ancien, *Apatosaurus*, avait la priorité et est toujours utilisé.

Changement de tête

Pendant des années, *Apatosaurus* a porté la tête de *Camarasaurus*. En 1975, une étude montra qu'*Apatosaurus* était apparenté à *Diplodocus* et avait un museau allongé *(ci-dessus)*. Tous les crânes exposés dans les musées durent être changés.

C'EST HISTORIQUE !

ARMÉS JUSQU'AUX DENTS

C'était encore la grande époque du Far West dans les années 1870 et 1880, et les chasseurs de fossiles étaient armés. Cette photo montre Marsh (le barbu au centre à l'arrière) et son équipe. Ces gaillards dormaient dans des tentes, même au cœur de l'hiver. Marsh les payait aux résultats et ils devaient se battre contre les grizzlys et les chasseurs d'os rivaux.

RIVIÈRES ANCIENNES

La formation Morrison dans le Middle West est l'une des plus riches en fossiles de dinosaures depuis le début de la « guerre des os » en 1870 *(voir p. 72-73)*.

LES MAMMIFÈRES DE MORRISON

La formation Morrison n'a pas livré seulement des dinosaures et autres animaux terrestres, mais aussi des plantes et des poissons. Les mammifères sont représentés par de nombreux petits insectivores aux allures de musaraignes aux dents fines et pointues.

DES TRÉSORS POUR LES PALÉONTOLOGUES

Les roches de la formation Morrison sont des grès plus ou moins fins déposés pour la plupart par d'anciennes rivières. Les squelettes de dinosaures sont souvent trouvés sur d'anciens bancs de sable. Lorsque de fortes pluies se produisent, les rivières se gonflent et les animaux et les plantes sont emportés. Quand le flot ralentit, les restes sont rejetés sur des bancs de sable sur les berges ou se déposent au milieu des rivières.

LE PAYSAGE DE MORRISON

Allosaurus, *Diplodocus*, *Stegosaurus* et *Ornitholestes* se déplacent dans la plaine alluviale, couverte d'une végétation luxuriante de prêles et de fougères dans les zones marécageuses et de ginkgo et de conifères sur les terrains plus stables. Le prédateur dominant, *Allosaurus (à droite)*, observe un *Stegosaurus (à gauche)* qui sera peut-être son prochain repas. Au loin, une petite meute d'*Ornitholestes* cherche une proie.

Stegosaurus

Stegosaurus est l'un des dinosaures les mieux connus de la formation Morrison. Il est l'un des premiers dinosaures herbivores cuirassés à avoir été étudié en détail. Les plaques sur son dos ont alimenté de nombreux débats. Elles ne protègent pas ses flancs, mais le font paraître plus gros. Couvertes de peau, ces plaques étaient peut-être vivement colorées.

***Stegosaurus* avait un petit crâne tubulaire et des mâchoires armées de petites dents foliacées pouvant couper les plantes.**

Plaques osseuses

Les plaques n'étaient pas attachées à la colonne vertébrale mais étaient fichées dans la peau et les muscles. Elles étaient probablement verticales et peu mobiles.

Reconstitution

Les paléontologues se sont d'abord demandé s'il n'y avait qu'une seule rangée de plaques ou si elles étaient placées horizontalement, formant une sorte d'auvent. Les nouveaux spécimens confirment qu'elles étaient verticales. Les bras courts indiquent que la tête était portée près du sol alors que la queue était levée.

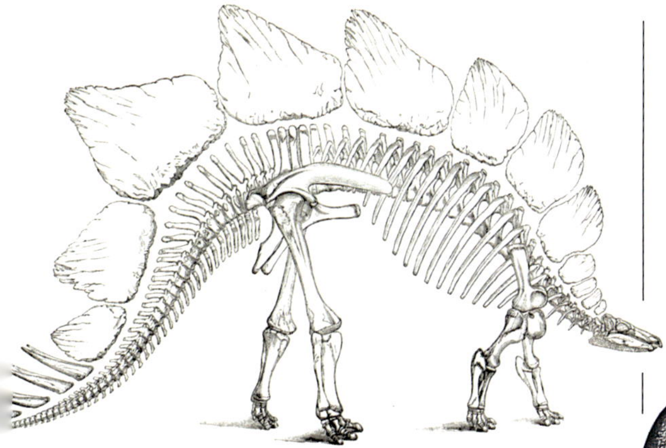

Le dessin de Marsh

Lorsqu'Othniel Marsh nomma *Stegosaurus* en 1877, il disposait d'un squelette assez complet et il en fit faire un dessin *(ci-dessus)*. La reconstitution de *Stegosaurus* n'a pas beaucoup changé depuis, malgré les nouvelles découvertes.

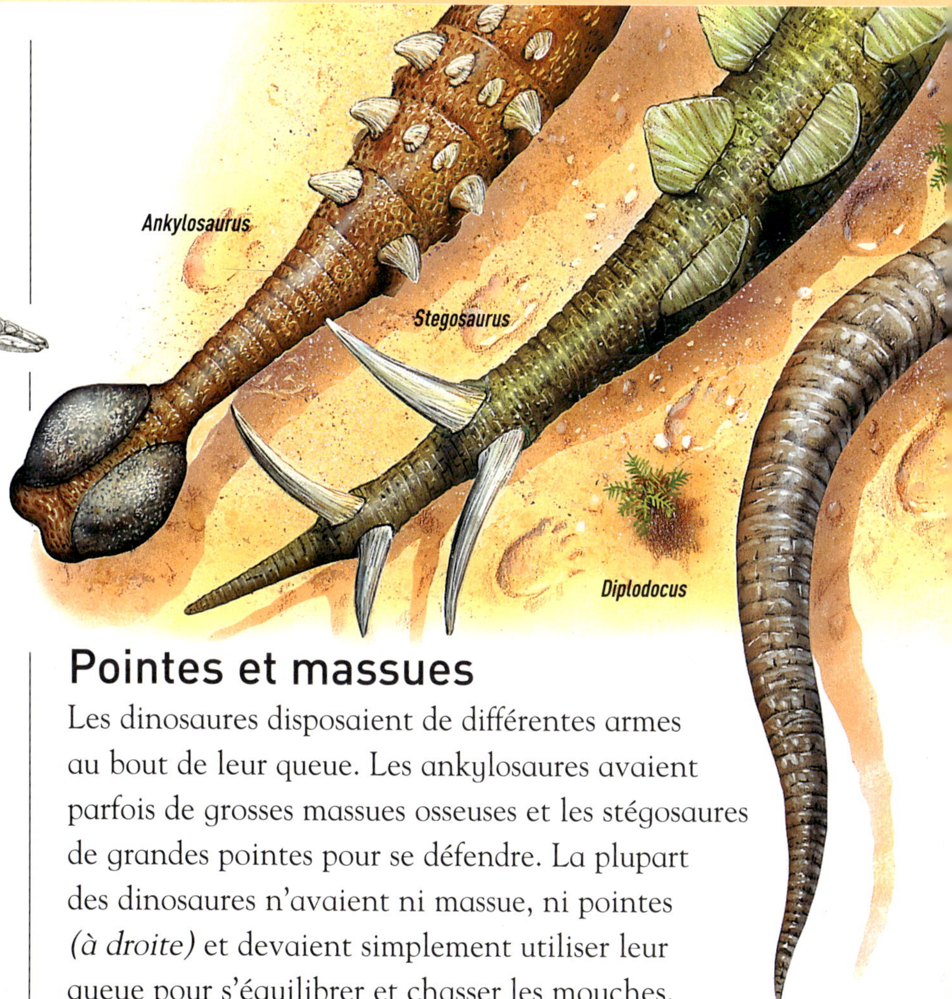

Pointes et massues

Les dinosaures disposaient de différentes armes au bout de leur queue. Les ankylosaures avaient parfois de grosses massues osseuses et les stégosaures de grandes pointes pour se défendre. La plupart des dinosaures n'avaient ni massue, ni pointes *(à droite)* et devaient simplement utiliser leur queue pour s'équilibrer et chasser les mouches.

Reconstitution d'une plaque osseuse dont la peau a été enlevée pour montrer les vaisseaux sanguins

Circulation sanguine

Les plaques de *Stegosaurus* étaient couvertes de peau. Le sang devait circuler dans la peau et la plaque devenait peut-être toute rouge en cas d'afflux sanguin.

Kentrosaurus mesurait jusqu'à 4 m de long. Son nom signifie « lézard à pointes ».

Kentrosaurus

De nombreux stégosaures ont été découverts à travers le monde. *Kentrosaurus* est un stégosaure célèbre trouvé en Tanzanie. Il ressemble à *Stegosaurus* en plus petit. Il avait des plaques à l'avant du dos et de longues épines osseuses du bassin à la queue.

Allosaurus

Les théropodes géants comme *Allosaurus* étaient des machines à tuer, avec des griffes redoutables et des mâchoires puissantes. Les proies retrouvées dans le ventre de ces carnivores nous montrent quels dinosaures ils consommaient. Mais comment estime-t-on la puissance de leur morsure ?

Dent fossile

Allosaurus avait de grosses dents recourbées avec une pointe aiguisée et des bords denticulés tranchants comme des couteaux à steak. Cette dent pouvait traverser les os.

MESURE DE LA FORCE

La méthode des éléments finis est utilisée pour tester la résistance des ponts et des bâtiments, mais peut aussi être utilisée avec les animaux.

Le crâne est numérisé par un scanner laser.

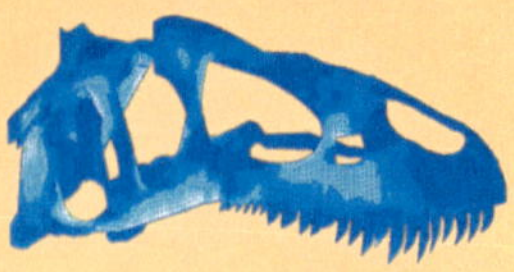

Le scan est ensuite converti en maillage 3 D.

Des forces sont appliquées aux cellules du maillage pour tester la résistance du crâne.

Une morsure puissante

Ce modèle numérique *(à droite)* montre les effets d'une morsure chez *Allosaurus*. Les couleurs froides (bleu et vert) indiquent les endroits où la force de morsure est la plus grande.

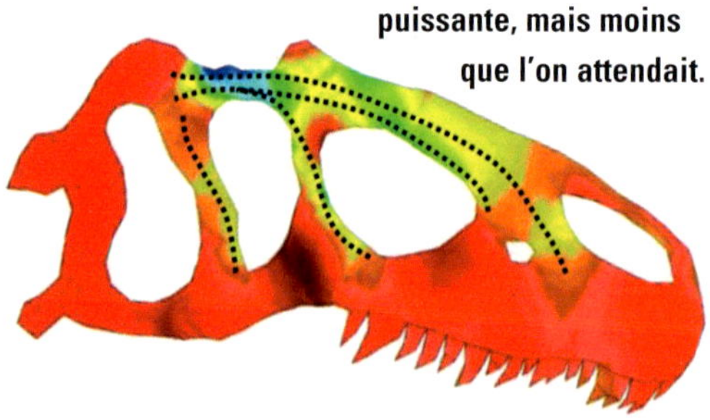

***Allosaurus* avait une morsure puissante, mais moins que l'on attendait.**

Allosaurus attaque

Allosaurus possédait un crâne capable de résister à des forces élevées. Ses mâchoires ouvertes s'abattaient violemment sur sa proie dont elles brisaient les os et pouvaient entraîner une hémorragie fatale chez un gros sauropode.

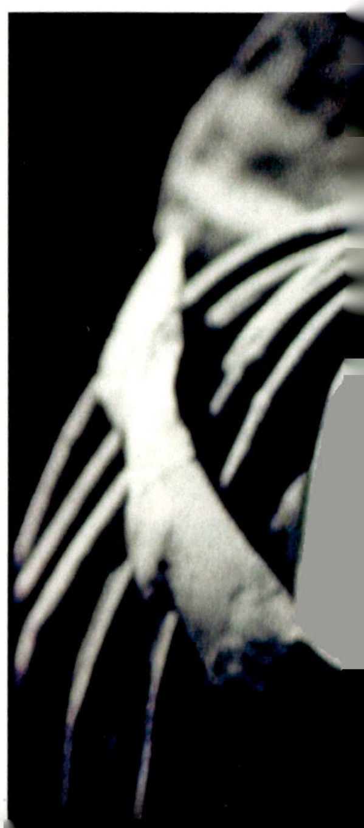

Le prédateur suprême

Allosaurus avait trois types d'armes pour attraper et tuer ses proies : ses mâchoires, ses pieds et ses mains. Les mâchoires agrippaient la proie en la mordant. *Allosaurus* immobilisait ensuite la victime avec ses pieds pour finalement déchiqueter la viande de ses mains et de ses mâchoires.

Griffes terrifiantes

Allosaurus avait des doigts puissants aux griffes acérées. Ses bras courts ne devaient pas lui servir pour l'attaque ou la mise à mort.

LA DÉRIVE DES CONTINENTS

Les dinosaures sont apparus au Trias sur le supercontinent unique appelé Pangée. L'océan Atlantique s'est ouvert au cours du Jurassique et du Crétacé. Les preuves de la dérive des continents sont nombreuses.

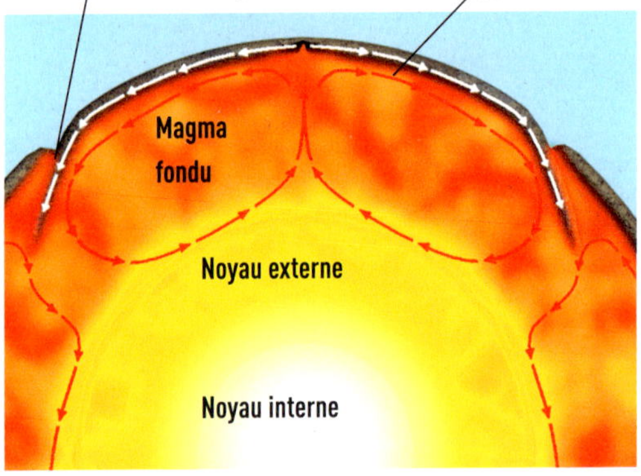

LES PLAQUES S'ÉCARTENT

La dérive des continents est due à la tectonique des plaques. Sous la croûte terrestre solide, de grands courants de convection dans le magma fondu entraînent l'écartement des continents au rythme d'environ 1 cm par an.

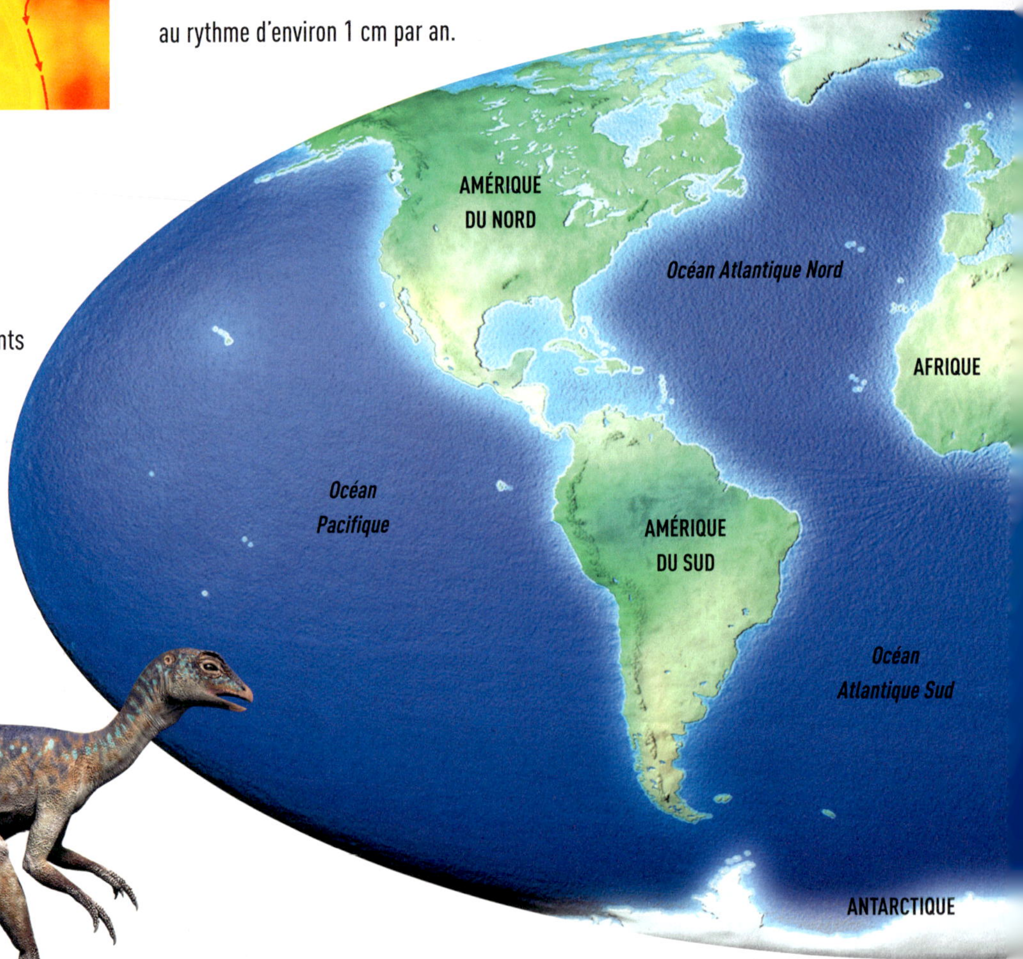

SIMILITUDES

L'une des preuves de la dérive des continents est la répartition des dinosaures. On rencontre, par exemple, l'ornithopode *Dryosaurus* et le sauropode *Barosaurus* en Amérique du Nord et en Afrique car ces deux continents étaient réunis au Jurassique.

Dryosaurus

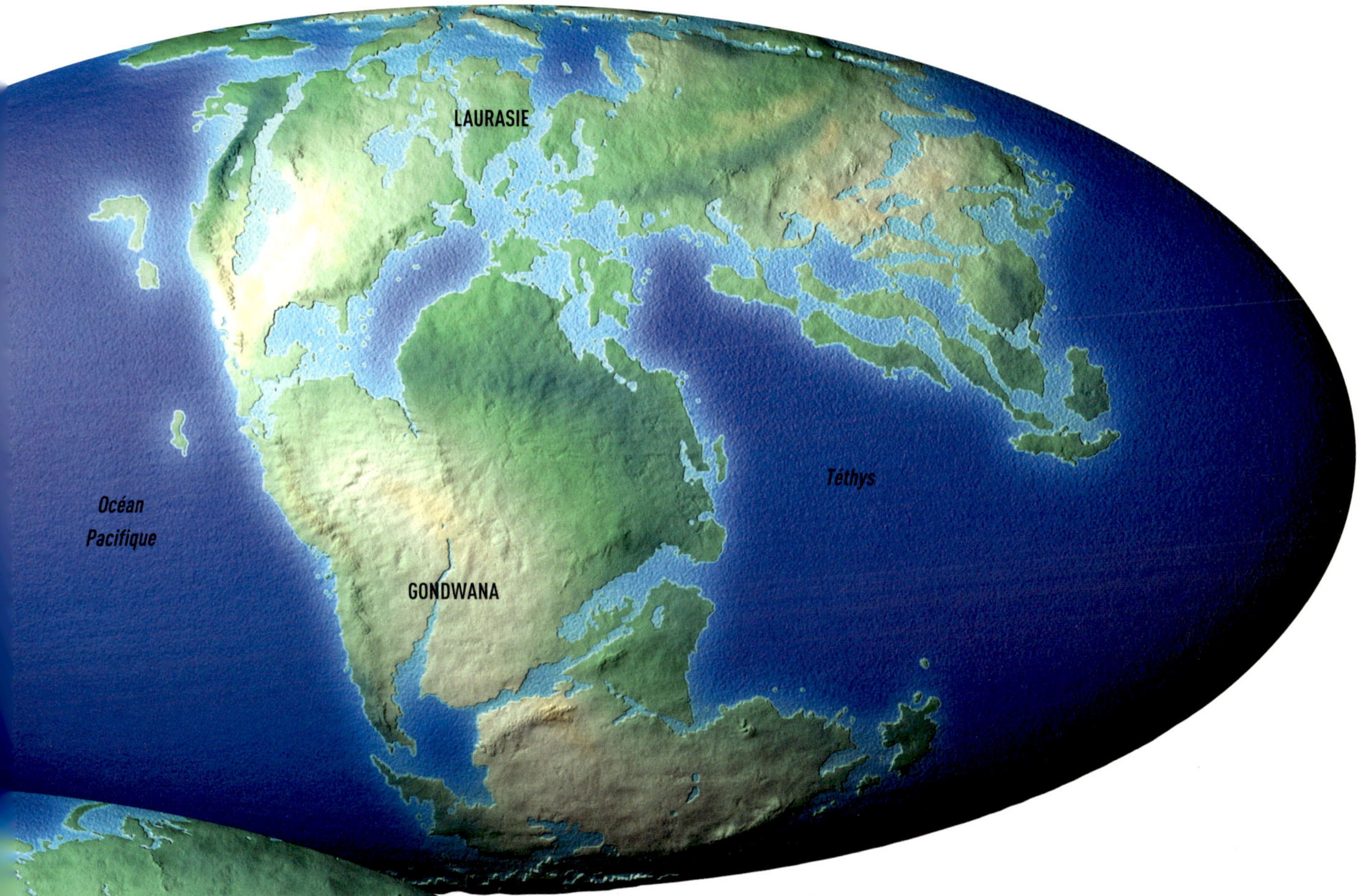

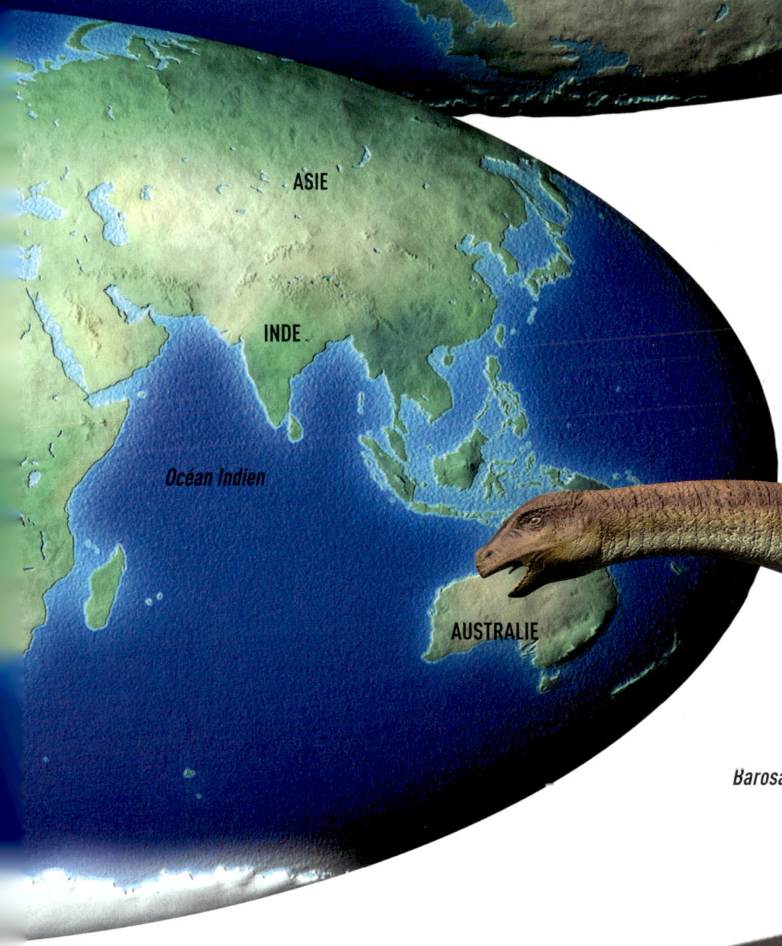

HIER ET AUJOURD'HUI

Ces cartes présentent le monde au Jurassique *(ci-dessus)* et aujourd'hui *(à gauche)*. Au Jurassique, le supercontinent du Sud, le Gondwana, est encore présent mais, au Crétacé, l'ouverture de l'Atlantique Sud sépare l'Amérique du Sud de l'Afrique. L'Inde commence aussi à dériver vers l'Asie.

Barosaurus

Dans le lagon de Solnhofen

Les détails de la vie passée proviennent souvent de sites exceptionnels où des fossiles délicats ont été préservés. Le lagon de Solnhofen, dans le sud de l'Allemagne, nous présente un autre aspect de la vie au Jurassique.

IMPRESSION
Il y a environ 200 ans, les imprimeurs ont inventé le procédé de la lithographie, qui signifie « pierre écrite ».

Un dessin est fait sur la surface lisse d'un calcaire en utilisant de l'encre grasse.

La pierre est ensuite humidifiée : le calcaire gorgé d'eau repoussera l'encre.

De l'encre est étalée sur la pierre. Elle ne se fixe que sur les parties dessinées.

Le dessin s'imprime sur la feuille de papier placée sur la pierre dans une presse.

Les carriers ont découvert les premiers fossiles à Solnhofen il y a plus de deux cents ans. Le site est célèbre depuis la découverte du plus vieil oiseau, *Archaeopteryx*.

Le lagon

Les calcaires très fins de Solnhofen ont préservé les fossiles d'animaux vivant dans des eaux chaudes et peu profondes ainsi que des plantes, un dinosaure, des insectes, des oiseaux et des ptérosaures.

Les carrières

Les carriers extraient des dalles de calcaire des carrières de Solnhofen depuis des siècles. Ce calcaire est si fin qu'il a autrefois été utilisé comme pierre pour l'imprimerie *(voir à gauche)*. Aujourd'hui il est utilisé dans le bâtiment.

Des impressions dans la pierre

Des milliers de fossiles spectaculaires ont été trouvés dans les carrières de Solnhofen depuis deux cents ans. Certaines dalles fendues présentent une magnifique impression du fossile sur les deux faces, comme pour ce poisson.

Fourmillant de vie

Le lagon de Solnhofen regorgeait de poissons, crevettes *(ci-dessous)*, méduses, coraux… Des dizaines d'espèces d'insectes étaient chassées par *Archaeopteryx*. La plupart des ptérosaures pêchaient des poissons en plein vol.

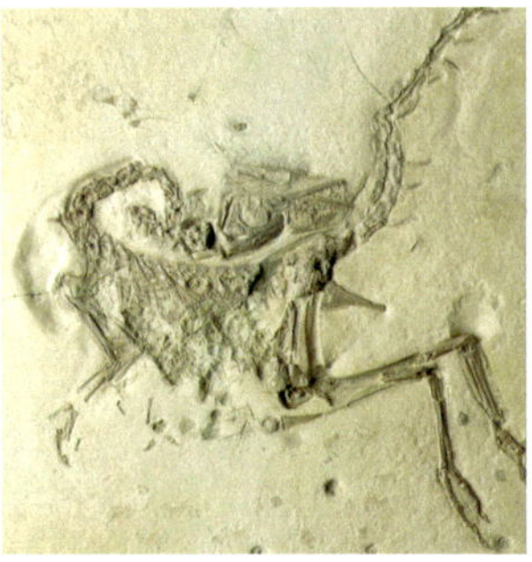

Ce spécimen complet de *Compsognathus* a la tête repliée sur le dos.

Compsognathus

Le seul dinosaure de Solnhofen est *Compsognathus*, un petit carnivore d'un mètre de long, connu par ce spécimen trouvé en 1850. Il se nourrissait probablement de petites proies comme les lézards et les mammifères et pêchait quelques poissons ou crevettes dans les eaux chaudes et peu profondes du lagon.

Archaeopteryx

Le fossile le plus célèbre au monde est probablement celui d'*Archaeopteryx*, considéré comme le « chaînon manquant » entre les dinosaures et les oiseaux.

ÉVOLUTION DE LA MAIN

On dispose d'assez de fossiles pour comprendre comment la main d'un théropode a pu donner celle d'un oiseau.

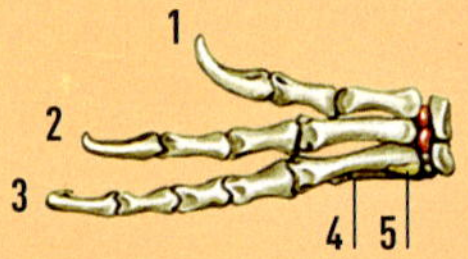

Les plus anciens théropodes avaient quatre ou cinq doigts à chaque main.

Ensuite, les théropodes n'avaient plus que deux ou trois doigts à chaque main.

Les droméosauridés avaient de longs doigts aux grandes griffes.

Archaeopteryx avait des doigts griffus minces comme les droméosauridés.

Chez les oiseaux modernes, les doigts sont fins et dépourvu de griffes.

Le premier fossile de cet oiseau primitif, une plume, a été découvert en 1860 à Solnhofen, en Allemagne. Depuis, dix squelettes du Jurassique supérieur ont été découverts dans ce pays.

Le premier oiseau

Comment volait *Archaeopteryx* ?

Des essais sur des modèles en soufflerie ont montré qu'il pouvait très bien voler, mais qu'il n'était pas aussi doué que les oiseaux actuels pour se faufiler entre les arbres.

Seuls les bébés hoazins ont encore des griffes.

L'hoazin

Cet oiseau étonnant d'Amérique du Sud installe son nid dans un arbre surplombant une rivière. Si un prédateur approche, les petits sautent dans l'eau puis remontent dans le nid en s'agrippant aux branches avec les griffes de leurs doigts. Cette faculté laisse penser que les oiseaux possédaient jadis une main munie de doigts griffus.

Fossiles à plumes

Les fossiles d'*Archaeopteryx* montrent non seulement des os, mais aussi des impressions de plumes. Sur ce spécimen, on peut observer les plumes du vol de l'aile ainsi que les plumes paires de la queue. Il s'agit d'un oiseau qui savait voler, mais il ressemble aussi aux reptiles primitifs avec sa longue queue osseuse, ses griffes sur la main et ses dents.

LES REPTILES VOLANTS

Les ptérosaures étaient des reptiles extraordinaires. Ils étaient de proches parents des dinosaures et vivaient à la même époque, de la fin du Trias jusqu'à la fin du Crétacé. Les ptérosaures avaient de longues ailes membraneuses soutenues par le quatrième doigt très allongé de leurs mains.

Deux *Ctenochasma* font sécher leurs ailes.

DÉCOUVERTES

Certains des plus beaux spécimens de ptérosaures connus proviennent du gisement de Solnhofen du Jurassique supérieur. Trouvés dans les mêmes roches qu'*Archaeopteryx* *(voir p. 84-85)*, certains fossiles, comme celui-ci, présentent tous les os délicats du squelette ainsi qu'une impression nette de la membrane alaire. D'autres montrent même que la membrane était faite de plusieurs épaisseurs de peau, avec des fibres de soutien et que leur corps était couvert de poils.

Une nuée de *Pterodactylus* se dirige vers la mer pour pêcher.

Rhamphorhynchus atteignait 1,80 m d'envergure.

LES PTÉROSAURES DU LAGON

Le premier spécimen de ptérosaure de Solnhofen fut trouvé en 1784. Depuis, des centaines de fossiles y ont été découverts. Six ou sept espèces de ptérosaures devaient cohabiter dans le ciel du lagon de Solnhofen, leur taille allant de celle d'un corbeau à celle d'un goéland. La plupart se nourrissaient de poissons qu'ils pêchaient dans les eaux claires et peu profondes. Au sol, les ptérosaures étaient malhabiles et leurs empreintes montrent qu'ils marchaient sur quatre pattes, utilisant leurs mains ailées pour garder l'équilibre.

Les dinosaures du Portugal

Depuis 1990, de très belles découvertes ont été faites au Portugal. Ce pays a des dinosaures en commun avec le reste de l'Europe, mais certains dinosaures ne sont connus qu'au Portugal. La découverte en Amérique du Nord d'espèces déjà connues au Portugal fut une surprise.

Lourinhanosaurus

Un squelette partiel de ce carnivore fut décrit en 1998. Ses liens de parenté avec *Allosaurus* d'Amérique du Nord sont encore discutés. Il ne faut pas confondre *Lourinhanosaurus* et *Lourinhasaurus*, un sauropode portugais.

Dinheirosaurus

Plusieurs sauropodes ont été découverts au Portugal, mais la plupart ne sont connus que par des éléments isolés du squelette. *Dinheirosaurus* fut nommé en 1999, d'après des vertèbres *(ci-dessous)* qui ressemblent à celles de *Diplodocus*.

Les pointes le long de la queue, profondément fichées dans la peau et les muscles, devaient décourager les prédateurs.

Dacentrurus

Au Jurassique supérieur, les stégosaures étaient présents dans le monde entier *(voir p. 76-77)*. *Dacentrurus* est un stégosaure découvert sur plusieurs sites européens, dont au Portugal, dans les années 1990. Son armure est faite de plaques à l'avant et de grandes pointes vers l'arrière.

Torvosaurus maintenait certainement ses proies avec ses pieds à trois orteils tout en déchiquetant la chair de ses mâchoires.

Torvosaurus

Lors de sa découverte au Portugal, *Torvosaurus* était déjà bien connu dans la formation Morrison d'Amérique du Nord. Cette découverte prouve que l'Atlantique n'était pas largement ouvert et que les dinosaures pouvaient encore traverser. Ce prédateur géant de plus de 2 tonnes devait chasser les sauropodes.

Octavio Mateus

Mateus dirige des fouilles au Portugal depuis 1991, notamment près de la ville de Lourinha. Son travail a révélé une toute nouvelle faune de dinosaures. Il a nommé sept nouvelles espèces.

Des pistes sur le rivage

Le long des côtes atlantiques du Portugal, des pistes de dinosaures ont été trouvées dans les roches jurassiques. Ici, Octavio Mateus montre une série d'empreintes ; l'une des 17 pistes découvertes sur ce site.

C'EST GÉOLOGIQUE !

UN JEUNE PALÉONTOLOGUE

Des paléontologues de tout âge peuvent faire de grandes découvertes. Le Hollandais Jacob Walen, onze ans, tient un morceau de la mâchoire d'un dinosaure près du squelette reconstitué de *Torvosaurus* au muséum de Lourinha. Il a découvert cette mâchoire en 2003, alors qu'il n'avait que six ans, pendant des vacances familiales au Portugal et l'a donnée au muséum en 2008. Sa découverte est aujourd'hui célèbre dans le monde entier.

Les reptiles marins

Au Jurassique supérieur, de grands reptiles marins nageaient dans les mers. Des ichthyosaures et des crocodiles chassaient les poissons et les calmars et étaient eux-mêmes la proie des grands pliosaures. Des fossiles de ces monstres marins ont été découverts dans le monde entier. Certains ont conservé les restes de leur dernier repas.

Liopleurodon

Les crânes complets de *Liopleurodon* qui ont été retrouvés suggèrent qu'il atteignait 10 m de long, mais des os isolés laissent penser que certains individus atteignaient 15 m. Ces énormes reptiles étaient les prédateurs dominants de l'époque.

Metriorhynchus

Aujourd'hui, les crocodiles aiment l'eau. Les crocodiles du Jurassique comme *Metriorhynchus* devaient très bien nager avec leurs membres en pagaies et leur aileron sur la queue. Par contre, ils avançaient difficilement sur la terre ferme.

Poisson fossile

Certains poissons fossiles du Jurassique comme celui-ci de Solnhofen *(voir p. 82-83)* sont particulièrement bien conservés. Au Jurassique, période de transition, les premiers poissons laissent la place aux nouveaux téléostéens, comme les harengs ou les saumons, plus légers et plus rapides.

Pliosaurus

Proche parent de *Liopleurodon*, *Pliosaurus* était plus petit : il pouvait mesurer jusqu'à 10 m. Ces reptiles marins, qui respiraient à la surface, assommaient peut-être leurs proies en les lançant en l'air comme le font les orques aujourd'hui.

Les bélemnites avaient un corps allongé et des nageoires latérales charnues pour maintenir leur équilibre.

Les bélemnites

Apparentées aux seiches et calmars ainsi qu'aux ammonites *(voir p. 47)*, les bélemnites possèdent une coquille interne en forme de balle de fusil. Leur corps charnu porte de longs tentacules pour capturer leur nourriture.

À PEINE CROYABLE !

VOMI FOSSILE

Cette découverte anglaise est certainement le meilleur spécimen de vomi fossilisé. Ces coquilles de bélemnites entassées dans la roche ont dû être mangées par un ichthyosaure. Si les bélemnites avaient été emportées par les vagues, les coquilles seraient toutes alignées. Un ichthyosaure a probablement avalé tout un banc de bélemnites et recraché les parties dures indigestes.

Les dinosaures chinois

Les premiers dinosaures chinois ont été étudiés dans les années 1920, un siècle après les premières trouvailles européennes. Aujourd'hui, les découvertes chinoises s'enchaînent et stupéfient le monde entier.

Dong Zhiming

Dong Zhiming est un paléontologue chinois très actif. De 1973 à 2009, il a nommé 26 nouveaux dinosaures, dont la plupart des dinosaures du Jurassique supérieur de ces pages. Il a trouvé des gisements exceptionnels comme celui de Dashanpu.

***Huayangosaurus* mesurait 4,5 m de long.**

Huayangosaurus

L'une des découvertes de Dong Zhiming à Dashanpu est le stégosaure *Huayangosaurus*, dont douze squelettes ont été exhumés. Contrairement à son cousin *Stegosaurus* *(voir p. 76-77)*, il avait deux longues pointes sur chaque épaule.

Shunosaurus

Shunosaurus, un sauropode de 10 m de long, est une autre des découvertes de Dong Zhiming à Dashanpu. C'est l'un des sauropodes les mieux connus grâce à la vingtaine de squelettes trouvés jusqu'à présent. Son nom signifie « lézard de Shu ».

Xiaosaurus

Ce petit dinosaure herbivore pourrait être apparenté à *Lesothosaurus* d'Afrique du Sud *(voir p. 34)*. On n'en connaît que quelques dents et des os isolés.

Xuanhanosaurus

Ce théropode de 6 m de long se nourrissait de *Xiaosaurus* et autres petits dinosaures. *Xuanhanosaurus* avait de très longs bras qui devaient lui servir à attraper ses proies et non à marcher sur quatre pattes. Les fossiles incomplets suggèrent qu'il était apparenté à *Megalosaurus* *(voir p. 56-57)* et *Allosaurus* *(voir p. 78-79)*.

Les longues dents dépassent de la gueule quand la mâchoire est fermée.

Yangchuanosaurus

Plus grand prédateur de Dashanpu, *Yangchuanosaurus* est connu par un squelette complet trouvé en 1977. Long de 8 à 10 m, il avait des bras courts à trois doigts. Il avait un crâne étroit, des mâchoires puissantes et une crête osseuse sur le museau, peut-être pour la parade. Il a été baptisé par Dong Zhiming.

Les dinosaures de Zigong

Certains des plus beaux fossiles chinois proviennent de la formation Shaximiao, du Jurassique moyen de la région de Zigong. Les premiers fossiles ont été découverts en 1972 lorsqu'une compagnie gazière chinoise trouva les os d'un théropode baptisé par la suite *Gasosaurus*.

Omeisaurus

La formation Shaximiao renferme plusieurs sauropodes, dont *Omeisaurus*, long de 15 m pour un poids de 4 tonnes. Ce dinosaure fut mentionné pour la première fois en 1939 et, depuis, de nombreuses espèces du Jurassique moyen et supérieur ont été découvertes sur plusieurs sites chinois.

Lacune dans les archives de la Terre

Pendant longtemps, le Jurassique moyen était un mystère car les dinosaures de cette époque étaient mal connus. Les rares découvertes étaient européennes. Dans les années 1970, celles de la région de Zigong ont comblé cette lacune et montré que la Chine avait des dinosaures semblables à ceux trouvés en Europe.

Gasosaurus

Ce théropode mesurait 4 m de long et ressemblait un peu à *Megalosaurus* (voir p. 56-57). Son crâne n'est pas connu, mais une reconstitution a été créée pour le musée de Zigong.

Datousaurus

Ce sauropode mesurait 15 m de long. Il avait un crâne assez grand avec des dents spatulées. Son nom signifie « reptile à grosse tête ». *Datousaurus* et *Omeisaurus* se nourrissaient de plantes différentes et ne devaient donc pas entrer en compétition.

Le musée de Zigong

L'une des expositions de dinosaures les plus incroyables se trouve à Zigong, où les paléontologues ont décidé de conserver une partie des ossements en place. Tant d'os ont été trouvés au même endroit qu'un toit a été bâti sur ce cimetière de dinosaures. Les visiteurs peuvent observer le travail de préparation des os.

Dinosaures remarquables

Près de 1 500 espèces de dinosaures ont été nommées depuis 1824 et un nouveau dinosaure est baptisé toutes les deux ou trois semaines. Certains se révèlent déjà nommés ou basés sur des restes difficiles à identifier.

LES PREMIERS DINOSAURES

- Quelques restes très fragmentaires du Trias moyen (235 Ma) ont été trouvés à Madagascar et étudiés en 1999. Ils pourraient appartenir à l'un des premiers dinosaures.
- Les plus anciens dinosaures bien connus sont *Eoraptor* et *Herrerasaurus*, du Trias supérieur (228 Ma) de la formation Ischigualasto en Argentine *(voir p. 16 -17)*.

LES DERNIERS DINOSAURES

- Des restes de *Tyrannosaurus rex* et de *Triceratops* ont été trouvés dans les derniers mètres de la formation Hell Creek au Montana (États-Unis), dans les dernières années du Crétacé, juste avant le niveau de la grande extinction de masse *(voir p. 149)*.

NOM DE DINOSAURE LE PLUS COURT

- *Mei*, de l'espèce *Mei long*, qui signifie « dragon endormi ». C'est un troodontidé primitif du Crétacé inférieur de Chine nommé par Xing Xu et Mark Norell en 2004.

NOM DE DINOSAURE LE PLUS LONG

- *Micropachycephalosaurus*, de l'espèce *Micropachycephalosaurus hongtuyanensis*, qui signifie « petit reptile à tête épaisse de Hongtuyan ». C'est un petit pachycéphalosaure du Crétacé supérieur de Chine nommé en 1978 par le paléontologue chinois Dong Zhiming.

PREMIER DINOSAURE NOMMÉ

Megalosaurus, nommé en 1824 par William Buckland. C'est un grand théropode du Jurassique moyen d'Angleterre.

DERNIER DINOSAURE NOMMÉ

C'est impossible à dire car une nouvelle espèce est nommée toutes les deux ou trois semaines dans le monde. Regarde sur internet sur le site de Futura-Sciences à la page actualités, ou sur DinoNews, il y a toujours des nouveautés.

Un *Diplodocus* du Wyoming (États-Unis) décrit à l'origine par le paléontologue O.C. Marsh

SITES INTERNET SUR L'HISTOIRE DES PALÉONTOLOGUES ET DES NOMS DE DINOSAURES

www.dinosauria.org/les-fouilles.php Les fouilles.

www.museum-aix-en-provence.org/histoire_paleontologie.htm La paléontologie à Aix-en-Provence.

www.jurassic-world.com/fiches-dinosaures.html Fiches détaillées sur les dinosaures.

Un monde florissant

Le Crétacé inférieur fut une époque de changements. Les sauropodes géants, herbivores dominants du Jurassique supérieur, furent remplacés par les ornithopodes comme *Iguanodon*. Aux côtés des dinosaures apparurent les plantes à fleur, les abeilles et les papillons, les grenouilles, les lézards, les serpents, les oiseaux et les mammifères.

Le monde du Crétacé

Au Crétacé, les sauropodes géants du Jurassique supérieur laissèrent la place aux dinosaures herbivores ornithopodes, à de nouvelles plantes et de nouveaux animaux.
Les écosystèmes modernes se mirent en place : lézards, oiseaux et mammifères affirmèrent leur position et les plantes à fleur, fourmis, abeilles et serpents apparurent.

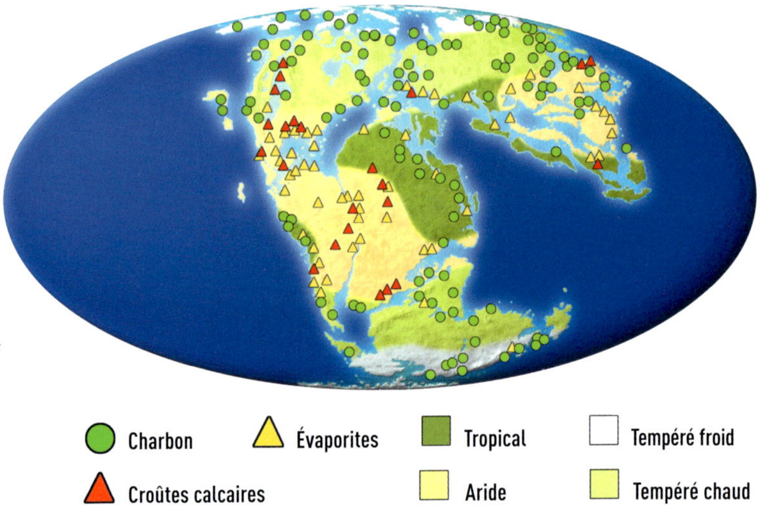

De nouveaux écosystèmes

Des exemples de ces nouveaux écosystèmes s'observent au sud-est de l'Angleterre, dans les roches du Wealdien. Au Crétacé inférieur, il y avait encore quelques sauropodes, mais le paysage était dominé par les ornithopodes comme *Iguanodon* ou *Hypsilophodon* qui broutaient la végétation basse. Il y avait aussi un nouveau prédateur, le spinosauridé *Baryonyx*, au long museau *(en bas à gauche)*.

Un monde plus chaud

Les dépôts de charbon, les évaporites et les croûtes calcaires témoignent d'un climat chaud et sec, avec des zones désertiques arides. Il n'y avait probablement pas de glace aux pôles, sauf en plein hiver.

Le Wealdien en Grande-Bretagne

Les roches du Wealdien se rencontrent au sud de Londres *(à droite)*. Étudiées pendant des siècles, elles ont livré les premiers os de dinosaures dans les années 1820. Depuis, les paléontologues ont trouvé des milliers de fossiles de plantes, mammifères, poissons, lézards, mollusques et dinosaures.

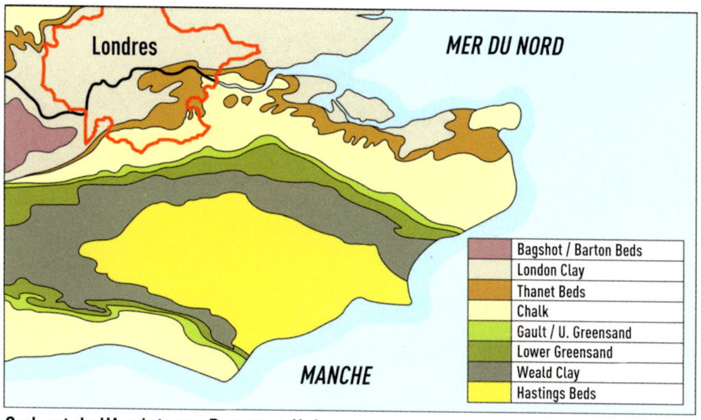

Sud-est de l'Angleterre, Royaume-Uni

Des plantes fossiles

Des dizaines de plantes fossiles différentes ont été découvertes dans les roches wealdiennes. Fougères et prêles poussaient dans les endroits humides, accompagnées de plantes plus hautes comme les cycas, ginkgos et conifères. Cette fronde fossile *(à gauche)* est un *Zamites*, une cycadale qui ressemble à un ananas géant avec des frondes sortant du haut.

Une empreinte de pas

Parmi les fossiles du Wealdien, on trouve des empreintes et des terriers faits par des crevettes et des mollusques. Cette empreinte à trois doigts a certainement été laissée sur le sable humide par *Iguanodon*.

Poissons des lacs et des rivières

Les roches wealdiennes se sont déposées dans les rivières et les lacs d'un vaste paysage côtier. Certains poissons, comme *Lepidotes (ci-dessous)* étaient assez gros. Ce poisson mesurait 50 cm de long et présentait des rangées régulières d'épaisses écailles osseuses. Même avec une telle armure, il était la proie de *Baryonyx*.

Iguanodon

Iguanodon fut le premier dinosaure herbivore à recevoir un nom. Contrairement aux dinosaures carnivores dont les dents sont pointues, tranchantes et recourbées, les dents d'*Iguanodon* sont plutôt larges et ornées de fortes stries. Mais était-il quadrupède ou bipède ?

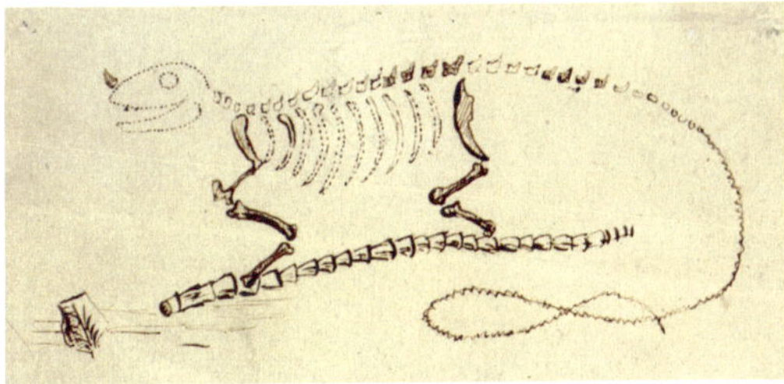

Le dessin de Mantell

Mantell ne disposait que de peu d'os pour reconstituer *Iguanodon*. Il pensait qu'il s'agissait d'un lézard géant marchant à quatre pattes et doté d'une corne sur le nez. Il l'a même représenté en équilibre sur une branche, comme s'il mangeait les feuilles de l'arbre.

Gideon Mantell

C'est Gideon Mantell (1790-1852), un médecin anglais, qui a découvert des dents et quelques os d'*Iguanodon* en 1825. *Iguanodon* est le deuxième dinosaure à avoir été nommé après *Megalosaurus* *(voir p. 56-57)*.

Un animal social

Des squelettes d'animaux jeunes et adultes trouvés dans une mine de charbon belge dans les années 1870 montrent qu'*Iguanodon* vivait en grands troupeaux. Ces découvertes ont prouvé qu'il se tenait généralement sur deux pattes.

Reconstitution d'*Iguanodon*

Après cette découverte en Belgique, les nouveaux squelettes furent préparés pour être exposés au Muséum d'histoire naturelle de Bruxelles. Chaque squelette fut assemblé et soutenu par une structure métallique. Le mystère de la corne nasale de Mantell fut aussi résolu, il s'agissait en fait d'un pouce en forme de pointe. Cet herbivore pacifique avait de quoi se défendre !

HYPSILOPHODON

L'un des dinosaures les plus communs du Wealdien *(voir p. 99)* était *Hypsilophodon*, un petit ornithopode nommé en 1869. Des dizaines de squelettes de cet herbivore de 2 à 3 m de long ont été trouvés.

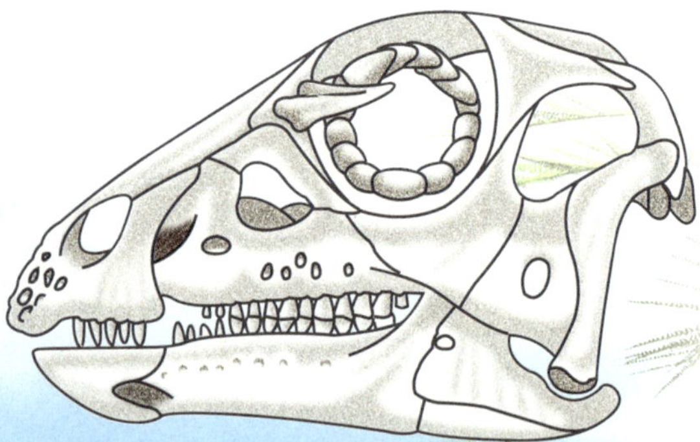

MÂCHOIRES D'HERBIVORE

Hypsilophodon avait un museau court et des dents à couronne élevée. Les dents près du bec servaient à couper les feuilles et les frondes qui étaient ensuite broyées par les rangées de dents postérieures. Lorsque les mâchoires s'ouvraient et se refermaient, les maxillaires s'écartaient de quelques millimètres. La plupart des reptiles, hier comme aujourd'hui, ne mâchent pas leur nourriture mais l'avalent tout rond.

THOMAS HUXLEY

Hypsilophodon fut nommé par Thomas Henry Huxley (1825-1895), un grand biologiste de l'époque victorienne. Huxley s'intéressait aux animaux actuels et fossiles et écrivit plusieurs livres populaires expliquant les nouvelles découvertes scientifiques du 19e siècle. Il est célèbre pour avoir été l'un des premiers scientifiques à soutenir la théorie de l'évolution de Darwin et avoir aidé à établir cette nouvelle idée révolutionnaire comme fondement de la biologie moderne.

GRIMPAIT-IL AUX ARBRES ?

Les paléontologues se sont demandé quelle était la posture d'*Hypsilophodon*. On pensait autrefois qu'il se perchait dans les arbres *(à droite)* pour atteindre les hautes feuilles. Mais le pied d'*Hypsilophodon* n'est pas adapté pour agripper les branches. S'il avait grimpé dans un arbre, il serait certainement tombé. En fait, *Hypsilophodon* était un coureur rapide *(ci-dessous)*.

Les ornithopodes

Les ornithopodes, comme *Iguanodon* et *Hypsilophodon*, se sont diversifiés au Crétacé. Ce groupe, apparu au Trias, resta un groupe mineur au Jurassique. Au Crétacé, les ornithopodes ont remplacé les sauropodes comme herbivores dominants.

L'adaptation des mâchoires

Au cours des 160 millions d'années de leur évolution, les ornithopodes ont développé de nombreuses particularités en relation avec leur régime alimentaire, notamment au niveau des dents et des mâchoires. Les premiers ornithopodes comptaient sur leur rapidité pour échapper aux prédateurs.

Heterodontosaurus

Trouvé dans le Jurassique inférieur d'Afrique du Sud, *Heterodontosaurus* était quadrupède mais avait une course bipède. Ses dents spécialisées sont très étonnantes *(voir p. 35).*

Cladogramme présentant l'évolution des ornithopodes

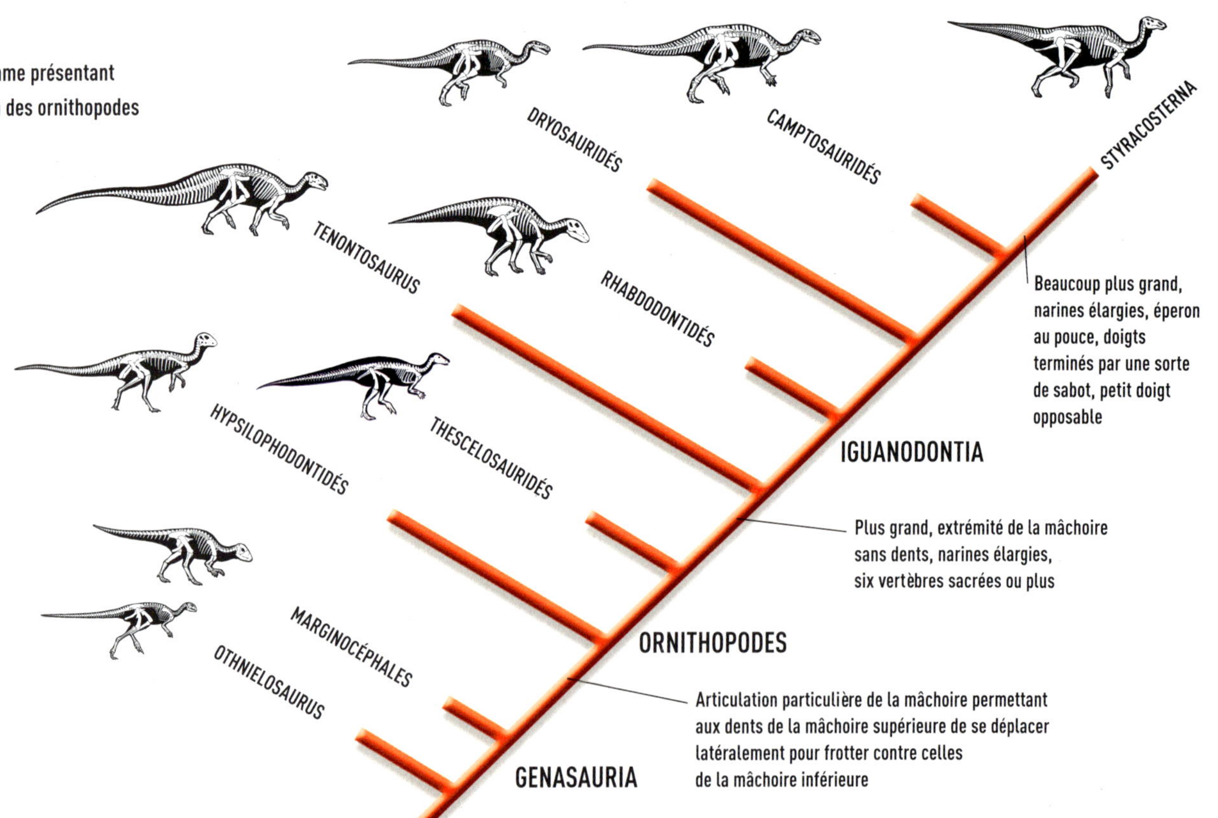

Tenontosaurus

Tenontosaurus mesurait 8 m de long. Sa taille lui offrait une protection contre les prédateurs sauf lorsqu'ils attaquaient en meute *(voir p. 121)*. *Tenontosaurus* était un parent nord-américain d'*Iguanodon*.

Ancienne reconstitution d'*Iguanodon* dans la pose du kangourou

Dressé sur ses pattes

Les premières reconstitutions ont montré les ornithopodes avec le corps vertical et les pattes repliées à l'arrière. On sait maintenant qu'ils étaient bipèdes, les jambes plus tendues, et que le corps était maintenu à l'horizontale, son poids équilibré par la queue.

L'efficacité des mâchoires

Le secret du succès des ornithopodes tient dans leur mastication. *Heterodontosaurus* pouvait mâcher en rapprochant et écartant ses mâchoires inférieures. Chez les ornithopodes plus évolués du Crétacé, les maxillaires se déplaçaient également vers l'intérieur et l'extérieur, créant un mouvement latéral supplémentaire sur les dents.

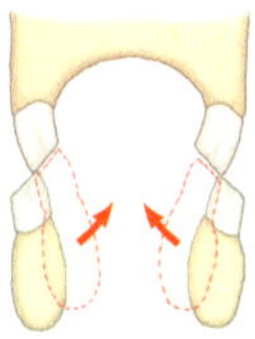

Chez les hétérodontosaures, les mâchoires inférieures se rapprochent quand la bouche se ferme.

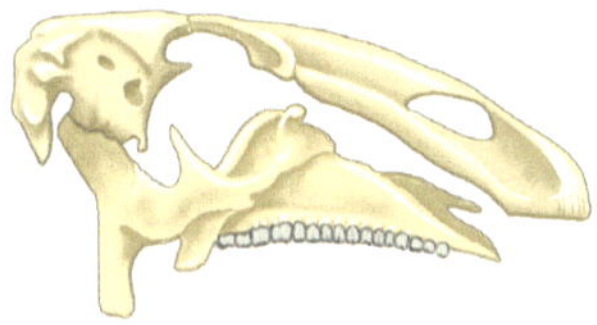

Chez les ornithopodes, les maxillaires s'écartent et se rapprochent quand la bouche s'ouvre et se ferme.

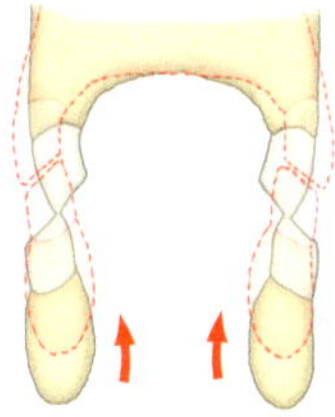

Ces mouvements conjoints des maxillaires et des mâchoires inférieures permettent un broyage latéral des aliments.

La main et le pouce d'*Iguanodon*

Les mains de cet ornithopode lui permettaient d'agripper la nourriture, de se défendre et de marcher. Les trois doigts du milieu portaient un petit sabot, plutôt qu'une griffe, pouvant supporter une usure importante lors de la marche. Le pouce était composé d'une seule phalange en forme de grosse pointe qui devait lui servir pour se défendre contre les prédateurs.

Dans la province du Liaoning

Ces dix dernières années, une région du nord-est de la Chine est devenue célèbre pour ses fossiles du Crétacé inférieur. Le groupe de Jehol de la province du Liaoning et les régions alentour ont livré les fossiles les plus incroyables du monde, dont des dinosaures à plumes !

Amadeus Grabau

Grabau (1870-1946), un paléontologue germano-américain, fut l'un des premiers Occidentaux autorisés à travailler en Chine. Il devint professeur à l'Université de Pékin et découvrit les fossiles du groupe de Jehol.

Roches à fossiles

Le groupe de Jehol est situé entre la province du Liaoning, de Hebei et en Mongolie intérieure. Au Crétacé, cette région jouissait d'un climat chaud. Les sédiments se sont déposés dans de grands lacs.

fossile de *Microraptor* (voir p. 114-115)

Ces grandes orbites indiquent que ce dinosaure avait une bonne vue.

Dents de rongeur

Ce crâne de 11 cm de long appartient à un théropode dont les dents antérieures ressemblent à celles des rongeurs. Appelé *Incisivosaurus* *(voir p. 111)*, ce qui signifie « lézard à incisives », il a été trouvé dans les plus anciens niveaux de la formation Yixian dans l'ouest du Liaoning.

Fouilles

Des milliers de fossiles ont été extraits du groupe de Jehol par des paléontologues chinois. Certains fossiles proviennent de mines profondes, creusées par les ouvriers qui suivent les niveaux riches en fossiles. Dans d'autres cas, des carrières comme celle-ci sont ouvertes et creusées couche par couche. Dans certains niveaux, un squelette de dinosaure ou d'oiseau apparaît à chaque mètre.

Un sol riche en fossiles

Les collines du Liaoning sont couvertes de champs. Lorsque les fermiers creusent pour les travaux agricoles, ils trouvent des fossiles partout.

DE NOUVELLES PLANTES

L'évolution des plantes à fleur est remarquable. Au Crétacé inférieur, elles ont commencé à conquérir le monde. À la fin du Crétacé, elles dominaient les autres types de plantes.

DÉCOUVERTES

Ce spécimen d'*Archaefructus*, l'un des plus anciens fossiles de plante à fleur, vient du Crétacé inférieur de la province du Liaoning en Chine. Cette plante a été découverte dans les mêmes roches que les extraordinaires spécimens d'oiseaux et de dinosaures à plumes *(voir p. 116-117)*, mais on ignore si ces dinosaures les mangeaient. Les dinosaures herbivores préféraient probablement les prêles et les conifères.

VIE ET MORT D'UNE FLEUR

Les nouvelles familles de plantes apparues au Crétacé avaient des fleurs, contrairement aux groupes plus primitifs comme les fougères, les cycas et les conifères. Les fleurs attirent les animaux qui dispersent le pollen produit par les étamines. Ce pollen est déposé sur le pistil au milieu de la fleur qu'il va fertiliser. Les fleurs fanent, les graines mûrissent et tombent sur le sol où elles peuvent germer.

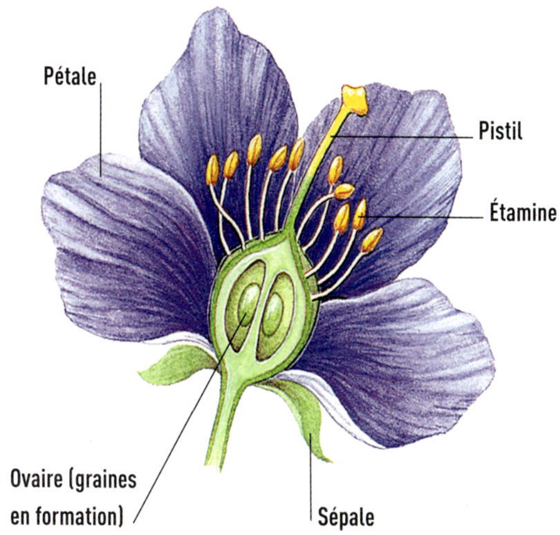

ÉVOLUTION TERRESTRE

Apparues il y a environ 120 Ma, les premières plantes à fleur étaient discrètes. Mais leur mode de reproduction, qui fait intervenir la fleur et la pollinisation, leur confère un avantage majeur. Lentement, au cours du Crétacé, les plantes à fleur ont commencé à s'imposer. Les pollinisateurs étaient des insectes comme les abeilles, les fourmis et les termites qui se nourrissaient de leur nectar, de leurs feuilles et de leurs graines. Cette remarquable évolution marqua le début des écosystèmes terrestres modernes.

Les dinosaures à plumes

Les roches de Jehol, en Chine, ont livré des petits dinosaures, des oiseaux et des mammifères. Elles se sont déposées dans des lacs *(voir p. 106-107)* en conservant les plumes délicates des oiseaux et des dinosaures et offrent une formidable vision de la vie au Crétacé inférieur.

Sinosauropteryx

Ce petit dinosaure de Jehol est l'un des premiers à avoir été découverts en 1996. Il a beaucoup surpris les paléontologues. Ressemblant à *Compsognathus*, du Jurassique supérieur d'Europe *(voir p. 83)*, il est couvert de plumes sur le dos et la queue. Tous les dinosaures avaient-ils des plumes ?

Beipiaosaurus

Beipiaosaurus est un thérizinosaure, l'un des groupes d'étranges théropodes herbivores *(voir p. 136-137)*. Ce dinosaure de taille moyenne (2,20 m de long) avait deux types de plumes, un court duvet et des plumes filamenteuses longues de 10 cm à l'arrière des bras.

Dilong signifie « dragon empereur ». On n'en connaît qu'une seule espèce.

Dilong

Dilong, nommé en 2004, est considéré comme un tyrannosauridé primitif, un ancêtre de *Tyrannosaurus rex*. Il avait des plumes au moins sur les mâchoires et la queue. Les plumes de sa queue formaient une touffe et servaient probablement d'ornement. La question se pose alors de savoir si *T. rex* aussi avait des plumes : la réponse est probablement « oui » !

Sinornithosaurus

Sinornithosaurus est un droméosauridé, groupe qui comprend *Deinonychus* (voir p. 120-121) et probablement le groupe le plus proche des oiseaux. *Sinornithosaurus* avait de longues plumes sur les bras, mais ne devait pas être capable de voler.

Le paléontologue chinois Xu Xing *(voir p. 115)* a trouvé et nommé *Sinornithosaurus*.

Sinovenator

Ce dinosaure de la taille d'un poulet est un troodontidé, groupe qui comprend les théropodes graciles du Crétacé supérieur *(voir p. 134)*. Ses plumes ne sont pas conservées car le fossile a été trouvé dans des sables grossiers de rivière au lieu des fines boues des lacs.

Incisivosaurus

Ce fossile chinois ne cesse d'étonner : personne ne s'attendait à trouver un dinosaure avec de grosses dents de lapin ! *Incisivosaurus*, nommé en 2002, est apparenté à *Oviraptor* *(voir p. 135)* et appartient à un groupe de théropodes généralement édentés. Ses dents ne sont pas pointues et témoignent peut-être d'un régime herbivore. Elles pouvaient servir à couper les tiges.

Caudipteryx

L'un des fossiles les plus controversés de Jehol en Chine est *Caudipteryx*. Ce spécimen a relancé le long débat sur l'origine des oiseaux : sont-ils des dinosaures ?

ÉVOLUTION DE LA PLUME
Les plumes se développent à partir de proto-plumes sur des compsognathidés comme *Sinosauropteryx*.

Les premières plumes étaient des filaments résultant de l'allongement des écailles.

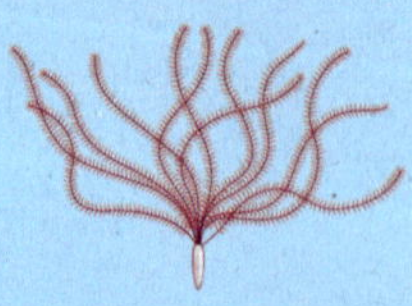

Ces filaments deviennent duveteux en se ramifiant.

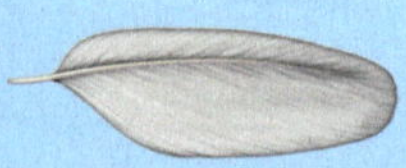

Finalement, de vraies plumes apparaissent chez *Caudipteryx* avec un rachis central.

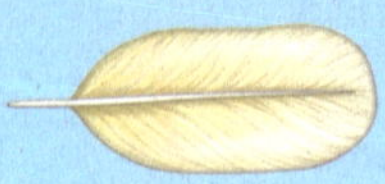

Les oiseaux actuels ont un duvet qui maintient leur corps au chaud.

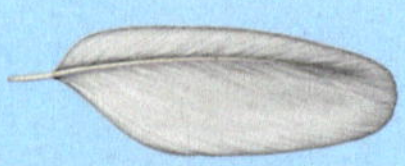

Les pennes sont les plumes utilisées pour le vol, d'autres couvrent le corps.

Sinosauropteryx (voir p. 110) avait des plumes filamenteuses, mais *Caudipteryx* avait de longues plumes sur les bras comme les pennes des oiseaux actuels.

Dinosaure à plumes

Les spécimens de *Caudipteryx* ont de longues plumes sur les mains. Ces plumes ont un axe central fixé dans la peau et une rangée de fines barbes de chaque côté.

Un débat

Pour la majorité des chercheurs, les dinosaures à plumes de Chine ont clos le débat sur l'origine des oiseaux. Les oiseaux sont des dinosaures et les plumes sont apparues chez les dinosaures bien avant que les oiseaux ne volent.

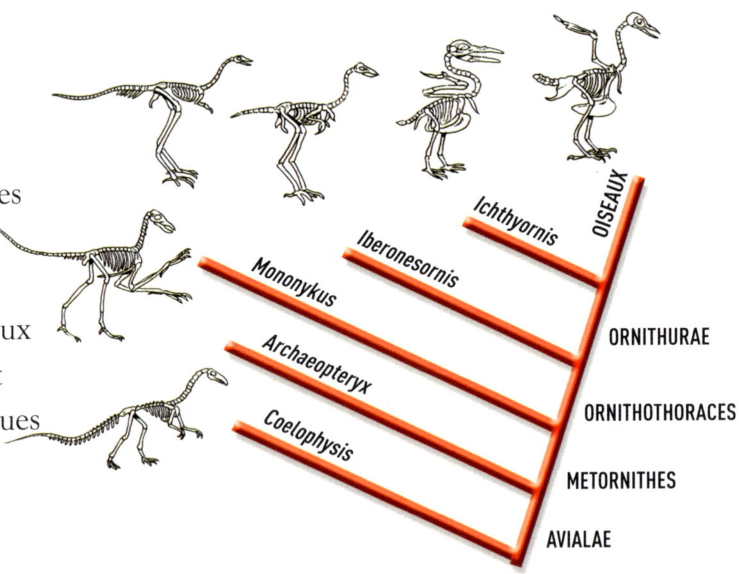

Fossile à plumes

Cette photographie montre le bras de *Caudipteryx* et ses plumes. La main griffue et les os du bras sont en haut. Les impressions noirâtres correspondent à la dizaine de longues plumes qui semblent attachées à l'arrière de la main. Chez l'animal vivant, la base des plumes s'insérait sur l'os. De petits muscles les animaient peut-être.

MICRORAPTOR

En 2000, alors que les paléontologues débattaient de l'origine du vol et des oiseaux, un dinosaure à quatre ailes fut découvert en Chine. *Microraptor* était-il un dinosaure volant, un oiseau ou un dinosaure à plumes qui ne volait pas ?

QUATRE PETITES AILES

Les fossiles ne peuvent être plus clairs. *Microraptor* est un droméosauridé et non un oiseau. Il a certes des séries de plumes de vol parfaitement préservées derrière chaque membre. Mais les détails de ce fossile sont si précis qu'il n'y a pas de doute possible : les ailes ne sont pas assez grandes pour supporter le poids du corps en vol. *Microraptor* ne devait pas battre des ailes.

DANS LA FORÊT

Il a été suggéré que *Microraptor* escaladait les arbres et se laissait planer d'arbre en arbre, attrapant au vol lézards et libellules. Les biologistes se sont longtemps demandé si les animaux pouvaient planer puis battre des ailes : ce fossile semble indiquer que oui.

XU XING

Une grande partie de l'étude des dinosaures de Jehol a été réalisée par le paléontologue chinois Xu Xing, né en 1969. Depuis sa description de *Sinornithosaurus* et *Beipiaosaurus* en 1999, il a nommé 30 nouveaux dinosaures chinois, un record pour un paléontologue vivant.

Les oiseaux chinois

Ces dix dernières années, les fossiles de Jehol ont énormément fait progresser notre connaissance des oiseaux du Crétacé. Jusqu'aux années 1990, la période entre le Jurassique supérieur et le Crétacé supérieur était mal connue. Les oiseaux de Jehol montrent maintenant le lien entre *Archaeopteryx* *(voir p.84-85)* et les oiseaux plus modernes.

Confuciusornis

Nommé en l'honneur du grand philosophe chinois Confucius, *Confuciusornis* est l'un des oiseaux du Crétacé inférieur les mieux connus avec plus de 1 000 spécimens complets découverts. La femelle avait une queue courte et le mâle *(ci-dessus)* deux très longues plumes sur la queue.

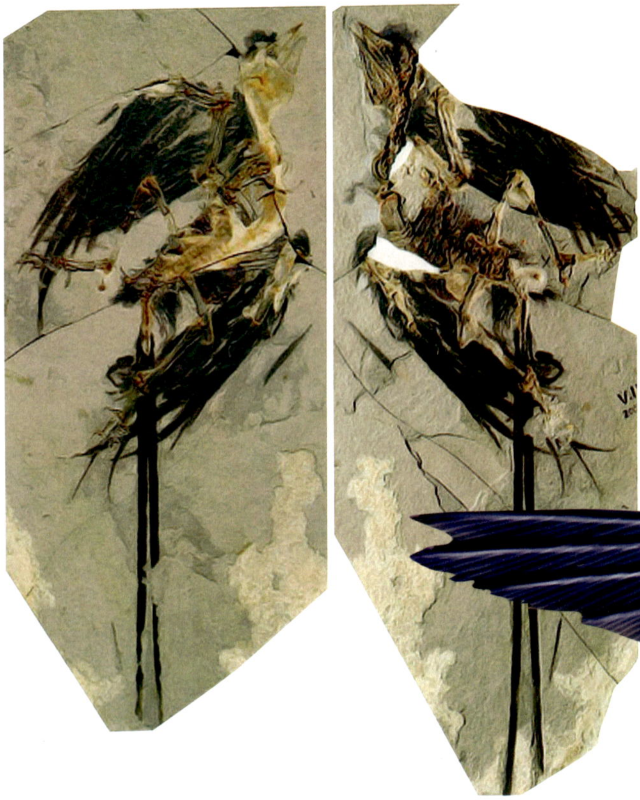

Eoconfuciusornis

Le plus ancien oiseau confuciusornithidé fut nommé en 2008. Le spécimen original *(ci-dessus)*, trouvé sur une fine dalle de roche fendue en deux, montre les deux côtés de l'oiseau. Sa queue était faite de deux longues plumes et les plumes de l'aile présentaient un motif à rayures.

Longipteryx
Cet oiseau de la taille d'un pigeon se caractérise par son long bec doté de petites dents à l'extrémité. *Longipteryx* devait être un oiseau plongeur des lacs et rivières, pêchant poissons et crevettes.

Sapeornis
Sapeornis était un oiseau percheur de taille moyenne. Les fossiles montrent une queue courte en moignon, comme chez les oiseaux actuels. Un des spécimens possède des graviers arrondis qui pourraient avoir été avalés pour broyer les aliments.

Jeholornis
De la taille d'une dinde, *Jeholornis* était le plus gros oiseau de l'époque. Comme la dinde ou la poule, il courait peut-être au sol, ne volant que pour échapper à un prédateur.

Sinornis
Ce petit oiseau percheur partage de nombreux caractères primitifs avec *Archaeopteryx* au niveau du museau et des pattes postérieures. Toutefois, la forme des ailes est mieux adaptée au vol.

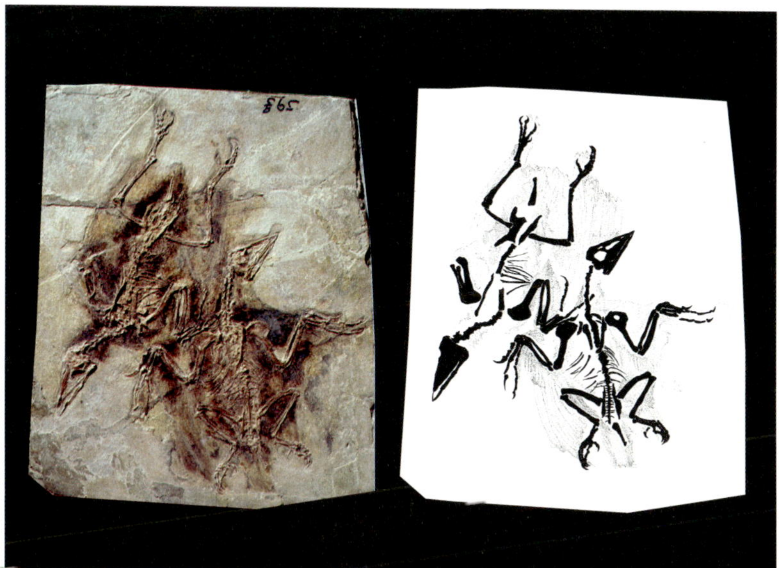

C'EST GÉOLOGIQUE !

AU FOND D'UN LAC

Plusieurs milliers de fossiles d'oiseaux ont été découverts dans la région de Jehol depuis 1995. Certains, comme ce fossile de deux *Confuciusornis* *(à gauche)*, présentent deux squelettes que l'on voit clairement sur le dessin *(à droite)*. La roche est un calcaire fin déposé dans un lac peu profond. On ignore toujours pourquoi autant d'oiseaux ont été piégés. Certains barbotaient peut-être en surface à la recherche de nourriture, quand, détrempés, ils ont fini par se noyer.

Les cératopsiens

Les cératopsiens sont des dinosaures du Crétacé, célèbres pour les cornes de leur tête et leur collerette. Les premiers étaient petits et dépourvus de cornes. *Psittacosaurus* et *Protoceratops*, du Crétacé inférieur, ont été découverts dans les années 1920 en Chine et en Mongolie. Depuis, des centaines de spécimens ont été trouvés dans tout l'est de l'Asie. Ils étaient les moutons de l'époque !

DIFFÉRENTES ESPÈCES

Le cératopsien primitif *Psittacosaurus* vivait en Asie, notamment en Chine et en Mongolie. On en compte plusieurs espèces.

Psittacosaurus meileyingensis, de Chine, avait un museau court et une collerette.

Psittacosaurus neimongoliensis, également trouvé en Chine, avait un museau plus étroit.

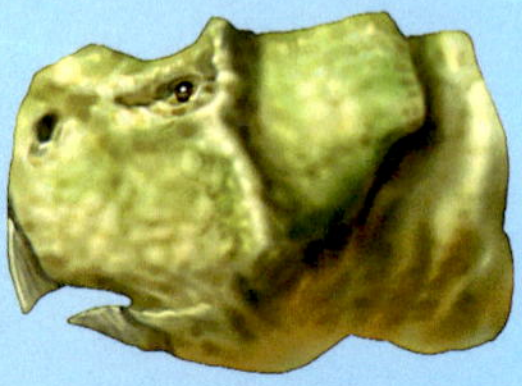

Psittacosaurus sibiricus, trouvé en Russie, était la plus grosse espèce de toutes.

Une crèche

La découverte en 2004 d'un *Psittacosaurus* adulte de 2 m de long avec 34 petits fut une surprise. Les jeunes d'environ 50 cm de long ne venaient pas d'éclore, car ils auraient alors mesuré moins de la moitié. Cette découverte montre que les jeunes étaient certainement regroupés en crèche.

Reconstitution

Beaucoup de paléontologues pensent que l'adulte est un parent de la plupart des jeunes âgés d'un an ou plus. Ils se sont peut-être rassemblés pour chercher une protection auprès d'un adulte. Conservés dans la cendre volcanique, il est possible qu'ils aient succombé à une éruption toute proche.

Les mauvais œufs

Lorsque des nids de ces longs œufs ont été trouvés dans les années 1920, ils ont été identifiés comme ceux du cératopsien *Protoceratops*. On pensait que la mère déposait ses œufs dans des cuvettes creusées dans le sable, et qu'elle restait aux alentours pour les protéger.

Nid en danger

De nombreuses reconstitutions ont été faites de cette scène *(à droite)*. Menacée par le théropode *Oviraptor* (dont le nom signifie « voleur d'œufs »), la mère *Protoceratops* défend son territoire. Des squelettes d'*Oviraptor* ont été trouvés près de nids et les paléontologues pensaient avoir trouvé une scène de chasse vieille de 100 millions d'années. Personne n'avait regardé dans les œufs !

Non coupable !

En fait, ces œufs sont ceux d'*Oviraptor*. Lorsque des paléontologues les ont passés aux rayons X et ont enlevé la coquille, ils ont trouvé de petits *Oviraptor* à l'intérieur de certains. En Chine et en Mongolie, deux fossiles exceptionnels montrent une mère *Oviraptor* assise sur ses œufs, les bras étendus sur le nid pour le protéger.

Parents des oiseaux

On connaît peu de dinosaures du Crétacé inférieur en Amérique du Nord, mais la formation Cloverly dans le Wyoming et le Montana en a révélé quelques-uns. John Ostrom et son équipe ont commencé des fouilles dans les années 1960 et, en 1964, ils ont trouvé des centaines d'ossements du théropode *Deinonychus*.

Deinonychus

Pendant des années, les droméosauridés ont été entourés de mystères. Quelques os isolés des orteils et des restes crâniens ont été trouvés au Canada et aux États-Unis dans les années 1920 et baptisés *Dromaeosaurus*. Les découvertes de 1964 ont révélé un nouveau droméosaure, *Deinonychus*, dont Ostrom a présenté l'étonnante anatomie.

Griffe tranchante

La griffe en faucille du deuxième orteil est très impressionnante. Lorsqu'il courait, *Deinonychus* maintenait sa griffe repliée vers l'arrière. Lors d'une attaque, la griffe était projetée vers l'avant.

La grande griffe en faucille du pied basculait vers l'avant, provoquant de graves lésions.

Deinonychus et les oiseaux

Le travail d'Ostrom sur *Deinonychus* prouva que les droméosauridés étaient de proches parents des oiseaux. Ostrom montra que chaque os de *Deinonychus* était presque identique à celui d'*Archaeopteryx* *(voir p. 84-85)*.

Le bassin du Bighorn

De nombreux sites à dinosaures en Amérique du Nord se trouvent dans des *badlands*. Sur ces terres presque désertiques, les ossements sont facilement repérés dans les ravins creusés par l'érosion. Le bassin du Bighorn, dans le Montana et le Wyoming, fait près de 250 km de long et comprend la formation Cloverly.

Chasse en meute

Deinonychus mesurait seulement 3,40 m de long, mais sa proie favorite, *Tenontosaurus* *(voir p. 105)*, faisait deux fois sa longueur et quatre ou cinq fois son poids. Ostrom pensait que ce petit prédateur chassait en meute et, en 1995, il signala un nouveau site où un *Tenontosaurus* était entouré de plusieurs *Deinonychus* et de dents éparses.

John Ostrom

Professeur de paléontologie à l'Université de Yale, John Ostrom (1928-2005) travailla sur les hadrosaures et commença des fouilles dans la formation Cloverly. Sa découverte de *Deinonychus* provoqua une complète révision de la pensée paléontologique. Il montra que les oiseaux descendaient des dinosaures et que de nombreux dinosaures comme *Deinonychus* étaient à sang chaud.

DINOSAURES D'AFRIQUE

Ces cent dernières années, des découvertes spectaculaires ont été faites en Afrique du Nord, dont beaucoup datent du Crétacé inférieur (110 Ma).

OURANOSAURUS

Des troupeaux d'*Ouranosaurus* habitaient autrefois les plaines humides d'Afrique du Nord. *Ouranosaurus* était un herbivore apparenté à *Iguanodon*, doté de nombreuses dents foliacées lui permettant de mâcher efficacement les végétaux. Ce dinosaure avait une grande voile de peau le long de son dos, qu'il utilisait peut-être pour se chauffer au soleil.

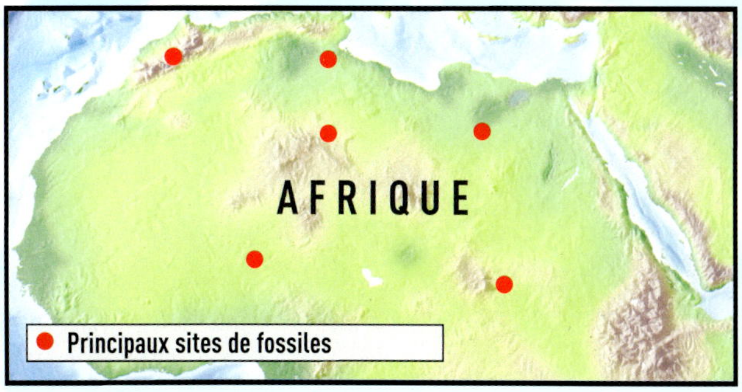

En Afrique, au 20e siècle, des expéditions allemandes ont été organisées en Égypte et des campagnes de fouilles françaises au Maroc et au Niger. Dans les années 1990, des expéditions américaines ont découvert de nouveaux fossiles d'espèces déjà connues, ainsi que de nouveaux dinosaures.

JOBARIA

Ce sauropode fut nommé d'après Jobar, une créature des légendes touaregs. Ses restes ont été trouvés dans le désert du Sahara. Long d'environ 18 m, il pouvait se dresser sur ses pattes postérieures pour atteindre sa nourriture. Les vertèbres de son dos et de sa queue sont beaucoup plus simples que celles très complexes des sauropodes nord-américains comme *Apatosaurus* et *Diplodocus*.

SARCOSUCHUS

Sarcosuchus, l'un des plus grands crocodiliens à avoir foulé la terre, pesait environ 10 tonnes et atteignait 12 m de long, avec un crâne de presque 2 m de long. Il hantait les berges des rivières. Avec ses énormes mâchoires armées de 132 dents, il broyait des poissons et même des proies plus grosses comme *Ouranosaurus*.

Les spinosaures

La plupart des dinosaures se répartissaient sur l'ensemble de la Terre, mais les spinosaures vivaient surtout en Afrique. Leur nom renvoie aux épines de leur dos qui soutenait une voile de peau. Les premiers spinosaures ont été trouvés il y a cent ans en Égypte. Leurs dents et leurs os se retrouvent dans tous les pays du nord de l'Afrique, en bordure du Sahara.

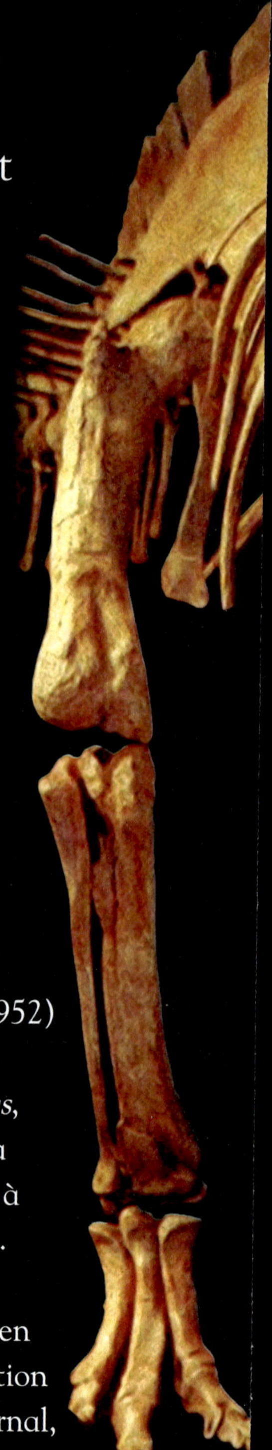

Baryonyx

Un spinosaure découvert en Angleterre a permis de mieux comprendre ce groupe. *Baryonyx* est connu par un squelette complet portant des épines sur le dos et au crâne ressemblant à celui d'un crocodile. Les mâchoires, faibles, indiquent qu'il mangeait peut-être des poissons.

Suchomimus

Au sud du Sahara au Niger, en 1998, Paul Sereno et son équipe ont découvert *Suchomimus*, « qui imite le crocodile ». Ce spinosaure de 11 m de long ressemble beaucoup à *Baryonyx*, notamment par son crâne.

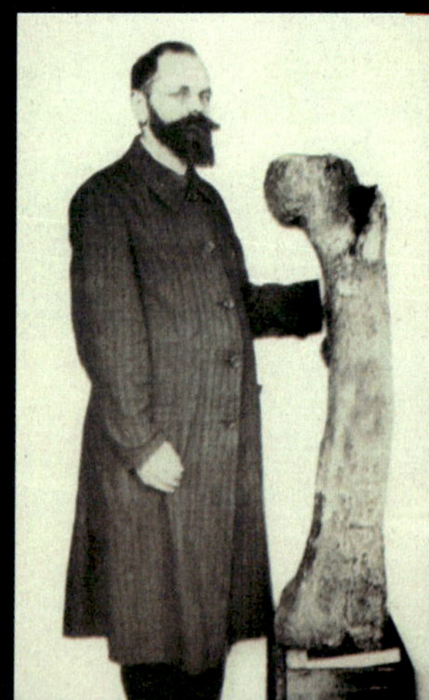

Ernst Stromer

Ernst Stromer (1870-1952) découvrit le premier spinosaure, *Spinosaurus*, en Égypte et le nomma en 1912. Il le rapporta à Munich en Allemagne. Malheureusement le muséum fut bombardé en 1944 et toute sa collection perdue, hormis son journal, la description qu'il avait publiée et les dessins de *Spinosaurus*.

Montage du squelette

Paul Sereno met la dernière touche au montage du squelette de *Suchomimus* qu'il a découvert. Ce nouveau fossile offre un bon exemple de l'anatomie des spinosaures. Chez l'animal vivant, les longues épines des vertèbres soutenaient une voile de peau. La voile de *Spinosaurus* était plus haute.

Les dinosaures des pôles

Les dinosaures ne pouvaient certainement pas vivre dans les glaces polaires… mais en est-on sûr ? Au Crétacé, l'Australie était beaucoup plus proche du pôle Sud. Le sud de l'Australie, où des dinosaures ont été trouvés, était pris par la glace en hiver.

Au sud de l'Australie

Dinosaur Cove, un site à Victoria, sur la côte sud de l'Australie, a livré de nombreux ossements de dinosaures. Les roches datant du Crétacé inférieur sont plus récentes que celles du groupe de Jehol en Chine *(voir p. 106-107)* et de la formation Cloverly d'Amérique du Nord *(voir p. 120-121)*.

Sur le terrain

Dinosaur Cove est un site difficile à exploiter. Les os sont pris dans une roche très dure qui nécessite un outillage pneumatique et parfois l'utilisation d'explosifs.

***Leaellynasaura* et *Timimus* se promènent près du lac à Dinosaur Cove.**

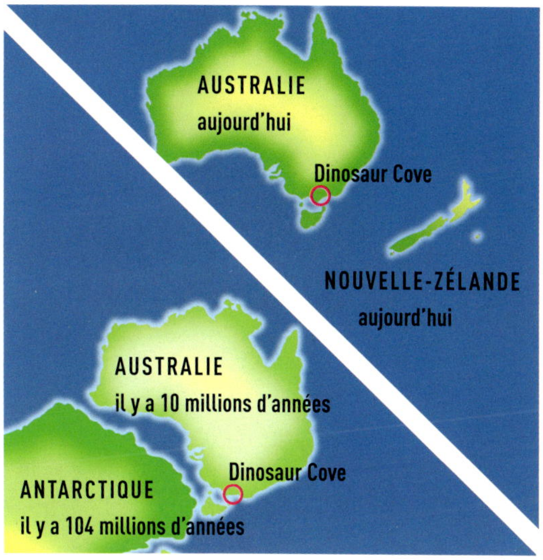

Près du pôle

Cette reconstitution géographique montre qu'au Crétacé l'Australie a commencé à se séparer de l'Antarctique. Une partie de l'Australie demeure dans le cercle antarctique et Dinosaur Cove était proche du pôle Sud. Les lacs et les rivières gelaient en hiver et les dinosaures devaient migrer vers le nord pour se nourrir.

Atlascopcosaurus

Ce petit herbivore est apparenté à *Hypsilophodon (voir p. 102-103)*. La longueur d'*Atlascopcosaurus* est estimée à près de 3 m comme ses proches parents, car il n'est connu que par quelques fragments de son crâne et de son squelette.

Timimus

On trouve peu de grands prédateurs dans les sédiments de Dinosaur Cove. Certains os isolés montrent que *Timimus* était probablement un ornithomimidé, un groupe qui s'est développé au Crétacé supérieur.

Leaellynasaura

Ce petit hypsilophodontidé est nommé d'après Leaellyn, la fille de Tom et Patricia Vickers-Rich, qui l'ont découvert. *Leaellynasaura* mesurait moins d'un mètre de long et se nourrissait de fougères et de cycas.

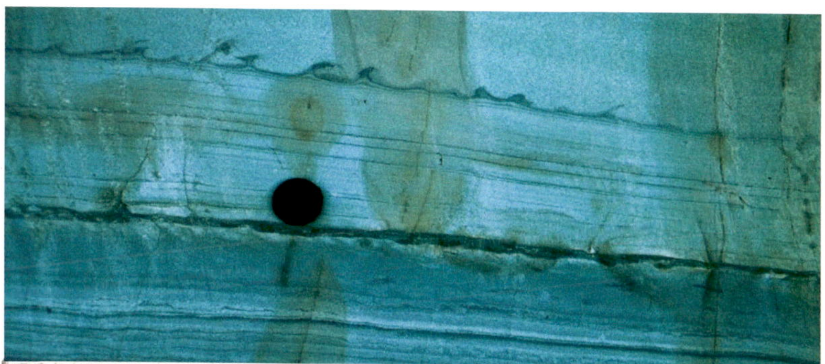

C'EST SCIENTIFIQUE !

DES INDICES D'ANCIENNE GLACIATION

Les restes de plantes et les sédiments de Dinosaur Cove témoignent de la présence de glace pendant l'hiver. Les fossiles de plantes montrent des anneaux de croissance très étroits dus à l'arrêt de la pousse pendant l'hiver. Dans les roches, cette section verticale de boues à fines bandes présente des structures en flammes qui témoignent du gel de la boue humide pendant l'hiver, puis de sa fonte. Le poids des sédiments au-dessus a forcé les fluides à s'échapper vers le haut.

Faune et flore du Mésozoïque

Le monde des dinosaures était peuplé de plantes et d'animaux aujourd'hui disparus. Toutefois, de nombreuses plantes et bien des animaux qui vivaient au Mésozoïque nous sont toujours familiers.

PLANTES

- Mousses : des mousses vertes couvraient les rochers et les arbres.
- Fougères : les fougères prospéraient dans les recoins sombres.
- Fougères arborescentes : les dinosaures adoraient leurs frondes, mais elles sont moins courantes aujourd'hui.
- Conifères : de nombreux dinosaures se nourrissaient des aiguilles et des feuilles plus larges des ancêtres des pins et des araucarias.
- Plantes à fleur : les dinosaures ne mangeaient pas d'herbe, de choux ni de fleurs, mais les premières plantes à fleur, comme les magnolias, sont apparues au milieu du Crétacé.

ANIMAUX

- Vers : les vers de terre retournaient le sol.
- Escargots : limaces et escargots vivaient sous les feuilles mortes.
- Scarabées : punaises, cafards et scarabées vivaient dans les arbres et sous les feuilles.
- Fourmis et termites : ces insectes sociaux sont apparus au Crétacé, après les plantes à fleur.
- Abeilles et guêpes sont apparues au Crétacé.
- Papillons : ces insectes se nourrissaient du nectar des fleurs du Crétacé.
- Poissons : des poissons modernes vivaient dans les mers, les lacs et les rivières.
- Grenouilles et salamandres : ces amphibiens sont apparus au Trias et étaient très courants au Crétacé.
- Lézards : les premiers lézards datent du Jurassique et de nombreux groupes actuels sont apparus au Crétacé.
- Serpents : les premiers serpents sont apparus au Crétacé.
- Tortues : elles nagent dans les mares et vivent sur la terre ferme depuis la fin du Trias.
- Crocodiles : ces piscivores vivent dans les marais et les océans depuis le Jurassique.
- Oiseaux : *Archaeopteryx* est apparu au Jurassique supérieur et les oiseaux se sont vraiment diversifiés au Crétacé.
- Mammifères : les premiers mammifères du Trias ont donné naissance à des mammifères de type moderne au Crétacé.

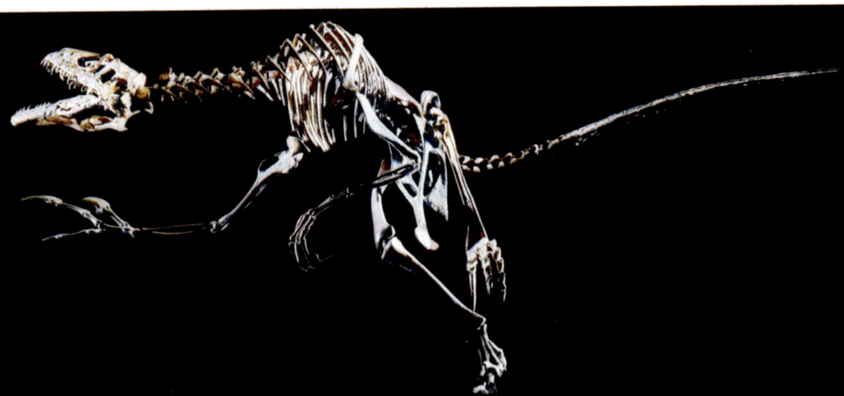

Squelette fossile d'un droméosaure prêt à attaquer une proie

SITES INTERNET SUR LA VIE AU MÉSOZOÏQUE

www.mnhn.fr/mnhn/geo/mesozoique.html L'Europe à l'ère du Mésozoïque.

www.etab.ac-caen.fr/discip/geologie/fossiles/CollFossiles/81OxfordienCallov/index.html Fossiles du Mésozoïque.

La fin des dinosaures

Les continents ont poursuivi leur dislocation au Crétacé supérieur. Les dinosaures ont évolué et se sont diversifiés. De nouveaux groupes, comme les hadrosaures, les cératopsiens et les ankylosaures sont apparus. Mais tout s'est terminé il y a 65 millions d'années lorsqu'une météorite a heurté la Terre, éliminant les dinosaures et bien d'autres formes de vie.

Expéditions mongoles

Dans les années 1920, la découverte des premiers fossiles en Mongolie, au nord de la Chine, fit sensation. La première expédition, menée par la ville de New York, cherchait des fossiles humains. À la place, on trouva un nombre incroyable de squelettes de dinosaures.

Roy Chapman Andrews

Chapman Andrews (1884-1960) était chargé par le Muséum d'histoire naturelle de New York de diriger des expéditions en Mongolie. Il avait déjà parcouru le monde, dont la Chine, à la recherche de spécimens pour le musée et était habitué aux conditions difficiles rencontrées dans le désert.

L'expédition de 1923

Chapman Andrews dirigea six expéditions américaines entre 1922 et 1930. En 1923 furent trouvé des squelettes complets de *Psittacosaurus* et *Protoceratops* *(voir p. 118-119)* et le théropode *Oviraptor*. Cette même expédition révéla les nids complets qui firent sensation lors de leur exposition.

Le désert de Gobi est un environnement hostile pour la recherche de dinosaures.

Velociraptor

Le petit théropode *Velociraptor* (le « voleur rapide ») fait partie des découvertes de l'expédition de 1923. Ce prédateur d'un mètre de long est un proche parent de *Deinonychus* *(voir p. 121)*.

Crâne de *Velociraptor*

La légèreté du crâne armé de dents tranchantes suggère que *Velociraptor* devait se nourrir de mammifères, lézards et autres petits animaux.

Les membres de l'expédition de 1925 poussent leurs véhicules ensablés.

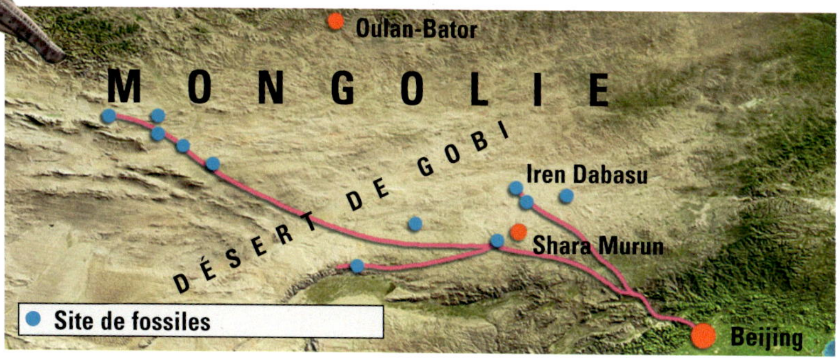

Mongolie

Au Crétacé, la Mongolie n'était pas un désert, mais un environnement riche et fertile pour les dinosaures. La région, qui se trouvait plus au nord qu'aujourd'hui, était traversée de rivières et de grands lacs poissonneux aux berges couvertes de plantes nutritives pour les dinosaures.

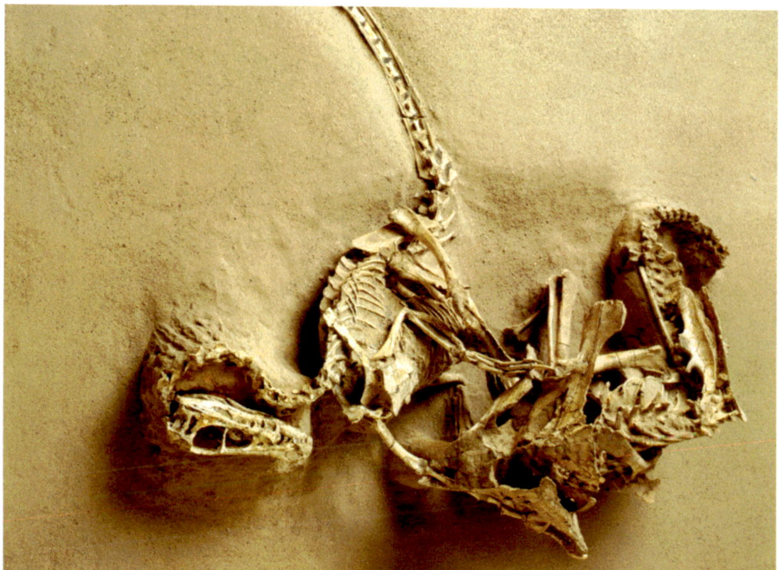

À PEINE CROYABLE !

COMBAT MORTEL

Cet incroyable fossile découvert en 1971 est celui d'un jeune *Velociraptor (à gauche)* attaquant un *Protoceratops (à droite)* qui mord de son bec le bras droit de son agresseur. Les griffes de *Velociraptor* sont enfoncées dans le ventre de *Protoceratops*. Comment cette scène a-t-elle pu être préservée ? Les dinosaures ont peut-être été enfouis à la suite d'une tempête de sable qui les a tués sur le coup.

Les fossiles de Mongolie

La formation Nemegt, en Mongolie, a livré 25 dinosaures, dont le pachycéphalosaure *Homalocephale*, le sauropode *Nemegtosaurus* et le théropode *Tarbosaurus*. La formation fut découverte par des Américains dans les années 1920, mais fouillée en détail par des Soviétiques dans les années 1950, qui utilisèrent des bulldozers pour extraire les squelettes du théropode géant *Tarbosaurus* *(voir p. 134-135)*. Dans les années 1960, des équipes polonaises ont livré *Nemegtosaurus*.

Fémur géant

Un jeune Mongol enlace fièrement le fémur du sauropode *Nemegtosaurus*. Les fossiles de Mongolie sont souvent complets et très bien conservés comme ce spécimen. Depuis 1960, des paléontologues mongols font une grande partie du travail en collaboration avec des équipes américaines, japonaises et européennes.

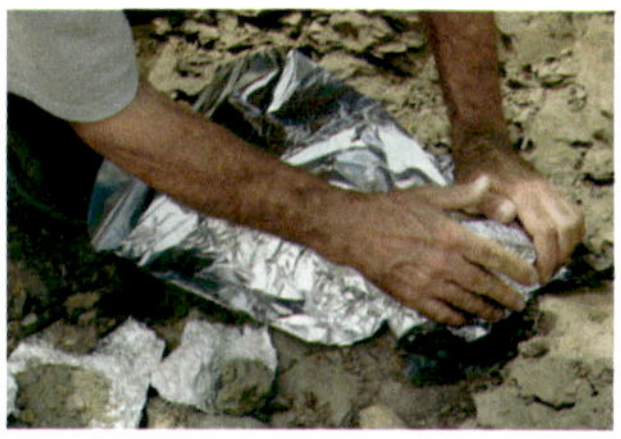

La première étape consiste à protéger les os avec une couche de papier ou d'aluminium.

Du plâtre est mélangé à de l'eau puis étalé sur des bandes de tissu.

Les bandes plâtrées sont appliquées sur les os.

Une fois sec, le bloc plâtré est retourné. Des planches sont fixées à sa base pour le renforcer.

Des ossements sous haute protection

Les os de dinosaures semblent grands et solides, mais sont en fait très fragiles. Depuis longtemps, les paléontologues utilisent des bandes de plâtre pour renforcer les spécimens. Le procédé est le même quand un médecin immobilise un membre cassé. Le plâtre protège les os pendant le transport. Il est éliminé au laboratoire et les os sont délicatement extraits de leur gangue.

Une importante expédition

Une file de onze camions traverse les plaines sauvages de Mongolie à la recherche de dinosaures dans la formation Nemegt. Les expéditions dans des zones aussi reculées sont importantes : les paléontologues doivent transporter tout leur équipement, mais aussi nourriture, eau et carburant pour un mois ou plus.

Carnivores de Mongolie

Les théropodes de la fin du Crétacé présentaient des tailles et des formes plus variées qu'aux périodes précédentes. Certains sont devenus très rapides et intelligents, d'autres massifs et suffisamment puissants pour attaquer les plus gros herbivores.

Saurornithoides **avait des mains à longs doigts pour attraper les proies.**

Saurornithoides

Les troodontidés étaient des dinosaures légers et rapides. *Saurornithoides* atteignait 3 m de long et était probablement couvert de plumes. Sa bonne vue et son gros cerveau lui permettaient de chasser les lézards rapides et les mammifères.

Crâne de *Tarbosaurus*

La hauteur du crâne indique que la morsure de *Tarbosaurus* était puissante. Il enfonçait profondément les dents dans sa proie.

Gallimimus

Cet ornithomimidé appartenait à l'un des groupes de théropodes qui ont perdu leurs dents. Les paléontologues ont d'abord cru que les ornithomimidés mangeaient des œufs.

Les pattes postérieures massives avaient des pieds à trois grands orteils permettant d'immobiliser la proie.

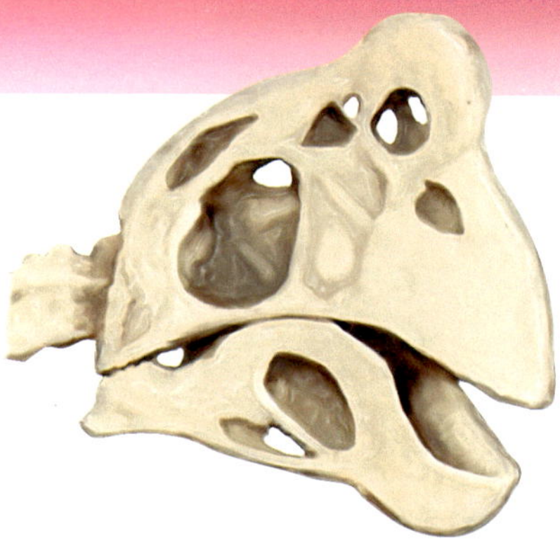

Crâne d'*Oviraptor*

L'un des théropodes édentés les plus étonnants était *Oviraptor* avec son museau haut et court. Son crâne était allégé par de grandes ouvertures et des os minces.

Les découvertes chinoises montrent qu'*Oviraptor* était couvert de plumes.

Oviraptor

Voici l'un des étonnants dinosaures découverts pendant les expéditions américaines en Mongolie dans les années 1920 *(voir p. 130-131)*.
Le crâne, de forme étrange, était peut-être vivement coloré.

Tarbosaurus

Les premiers squelettes de *Tarbosaurus* ont été découverts dans la formation Nemegt *(voir p. 132-133)* dans les années 1950. Apparenté à *Tyrannosaurus* d'Amérique du Nord *(voir p. 144-145)*, il présente des différences au niveau du crâne.

C'EST GÉOLOGIQUE !

FOSSILES EXCEPTIONNELS

Les squelettes de *Tarbosaurus* étaient uniques quand ils ont été trouvés dans les années 1950 car ils étaient presque complets. Les paléontologues soviétiques sont venus avec des bulldozers à Nemegt et ont même utilisé des explosifs pour extraire les squelettes. Les fossiles ont ensuite été rapportés par camion et par train et sont depuis exposés à Moscou.

LES THÉRIZINOSAURES

Les thérizinosaures sont longtemps restés un mystère, résolu depuis peu. Les premiers spécimens trouvés en Mongolie dans les années 1950 ont été attribués à des tortues, des théropodes ou des sauropodomorphes.

THERIZINOSAURUS

Lorsque les paléontologues soviétiques ont mis au jour plusieurs griffes en forme de faux de 70 cm de long, ils ont pensé qu'il s'agissait d'une tortue géante. Le dinosaure fut nommé par Evgeny Maleev en 1954 et d'autres ossements furent découverts les années suivantes. En 1993, l'extraction, en Chine, des squelettes complets d'un proche parent, *Alxasaurus*, a confirmé que *Therizinosaurus* était bien un théropode.

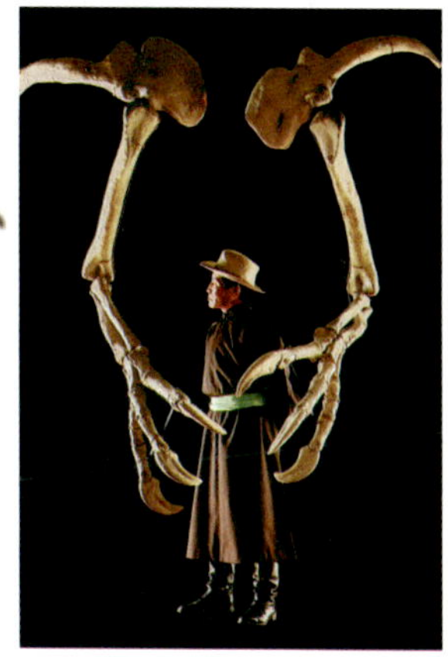

Deinocheirus

BRAS ET GRIFFES

Le plus étonnant des fossiles mongols est cette paire de bras immenses du dinosaure baptisé *Deinocheirus* en 1970. Ils appartiennent peut-être à un thérizinosaure, ou un énorme ornithomimosaure, un lointain parent de *Gallimimus* *(voir p. 134)*. Dans un cas comme dans l'autre, la fonction de si longs bras aux fortes griffes reste un mystère.

Segnosaurus

CRÂNE

CRÂNE ET BASSIN

Les crânes des thérizinosaures ont de petites dents, ce qui a conduit les paléontologues à conclure qu'ils étaient herbivores. Ils les ont alors attribués à des sauropodomorphes. Le bassin n'apportait pas plus d'indication car le pubis et l'ischion sont parallèles, comme chez un ornithischien *(voir p. 104-105)*. Toutefois, la découverte de squelettes complets a montré que les thérizinosaures étaient des théropodes herbivores.

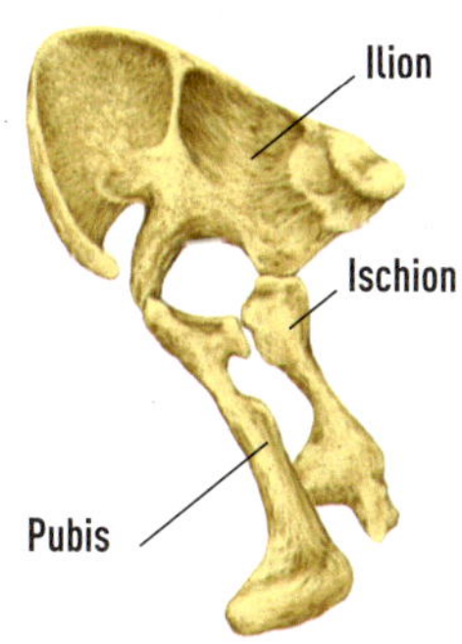

BASSIN

Les hadrosaures

Au Crétacé supérieur, les hadrosaures, proches parents d'ornithopodes comme *Iguanodon* *(voir p. 100-101)*, faisaient partie des dinosaures les plus communs. De nombreuses espèces fleurissaient. Une bonne acuité visuelle et la capacité d'émettre des sons leur permettaient probablement de se repérer et de s'attirer mutuellement.

FORME DES CRÊTES

Les hadrosaures sont connus pour leur crête en haut du crâne parmi lesquelles figurent ces formes :

Parasaurolophus avait une longue crête tubulaire vers l'arrière, mais qui n'était pas percée au bout.

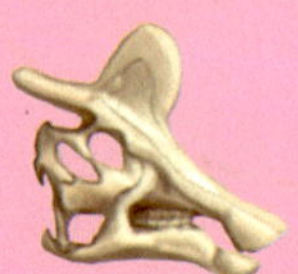

Lambeosaurus avait une crête aplatie avec une pointe vers l'arrière.

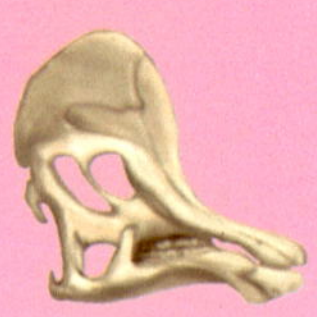

Corythosaures avait une crête plate qui doublait presque la taille de son crâne.

Certains hadrosaures, comme *Edmontosaurus*, avaient une toute petite crête ou pas de crête du tout.

Anatomie

Les hadrosaures avaient tous un squelette assez semblable, très proche des autres ornithopodes. Leur crâne ressemblait à celui d'un cheval. Ils relevaient leurs bras pour courir, mais s'en servaient pour marcher sur quatre pattes. Mains et pieds portaient des griffes en forme de sabots et d'épais coussinets.

Des sons

Quand les paléontologues ont examiné l'intérieur des crêtes d'hadrosaures, ils ont constaté que les narines y débouchaient. Lorsque l'animal respirait, l'air sifflait dans ces tubes. Les différentes formes de crêtes devaient produire divers cris et sifflements.

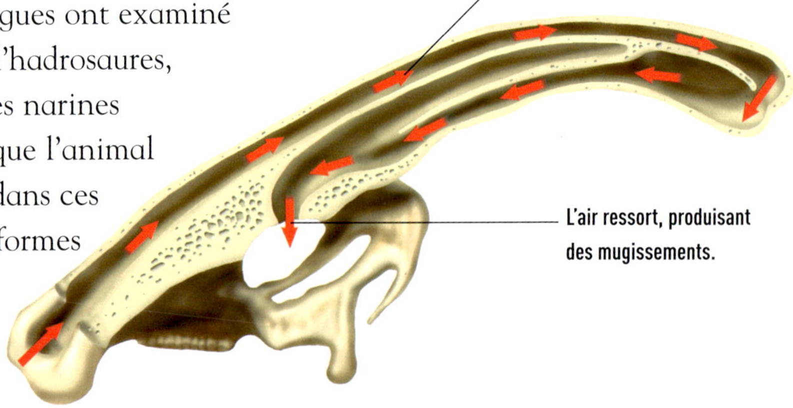

La vie en troupeau

Des fossiles d'hadrosaures ont été trouvés en grand nombre, parfois plusieurs dizaines de squelettes sur un même site. Ces assemblages suggèrent que les hadrosaures vivaient en grands troupeaux, plusieurs espèces se nourrissant ensemble paisiblement, comme le font les antilopes africaines aujourd'hui.

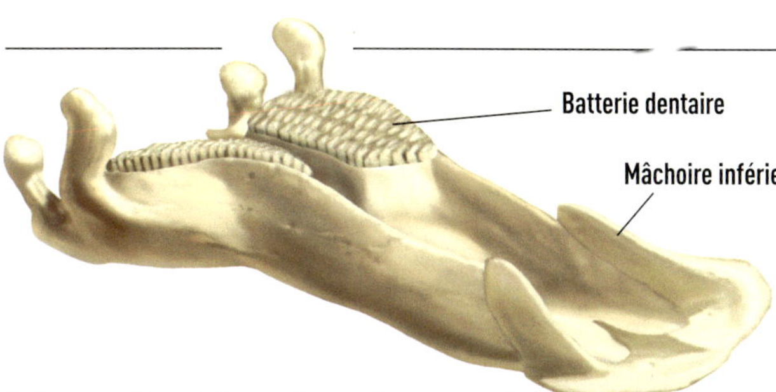

Une batterie dentaire

Certains hadrosaures avaient 2 000 dents ! Ils en avaient jusqu'à 500 de chaque côté des mâchoires supérieures et inférieures. Les dents étaient alignées en rangées qui s'usaient rapidement. Une nouvelle rangée de dents était prête à prendre la place de celle trop usée.

Éclosion d'un œuf

Certains œufs d'hadrosaures ont été trouvés avec des petits non éclos à l'intérieur. Lorsque les œufs sont scannés, on distingue tous les os minuscules. Cette reconstitution montre que le petit hadrosaure avait, juste avant l'éclosion, la queue enroulée autour du corps. Comme tous les bébés, il avait un crâne court et de grands yeux.

Les îles roumaines

Les dinosaures du Crétacé supérieur sont absents d'une grande partie de l'Europe car ce territoire était sous l'eau. Il y avait toutefois quelques îles dans le sud de la France, en Espagne et en Europe de l'Est. De petits dinosaures très étranges ont été trouvés en Roumanie.

La région de Hateg

Au Crétacé, la région de Hateg en Roumanie était formée d'îles. Ce lieu aujourd'hui sauvage et boisé, aux sombres châteaux, servit de décor à l'histoire de Dracula. Il est aussi célèbre pour ses dinosaures du Crétacé supérieur. La région est devenue un Geopark des dinosaures.

Magyarosaurus

Ce sauropode fut nommé en 1932. Il ne mesurait que 6 m de long, ce qui est petit par rapport aux autres titanosaures de 12 m ou plus. Les paléontologues se sont aperçus qu'il s'agissait d'une forme naine, plus petite que ses proches parents car elle vivait sur une île.

Telmatosaurus

Cet ornithopode était aussi un dinosaure nain de 4 m de long, comparé aux 7 à 10 m de ses proches parents. Il s'agit aussi de l'hadrosaure le plus primitif *(voir p. 138-139)*, ce qui suggère que les dinosaures de Hateg ont été isolés sur l'île, évoluant par rapport à leurs parents nord-américains ou asiatiques.

Zalmoxes

Zalmoxes est un rhabdodontidé apparenté à *Iguanodon* du Crétacé inférieur *(voir p. 100-101)*. Ce dinosaure, proche de *Rhabdodon* du Crétacé supérieur des îles du sud de la France, suggère que ces dinosaures primitifs pouvaient survivre sur de petites îles.

Le baron Franz Nopcsa

Franz Nopcsa (1877-1933) est issu d'une famille noble de la frontière entre la Roumanie et la Hongrie. Il découvrit des fossiles sur les terres familiales à Hateg et nomma de nombreux dinosaures.

Struthiosaurus

Le dernier dinosaure de Hateg est un ankylosaure de 2,50 m de long. *Struthiosaurus* est connu sur plusieurs anciennes îles européennes, en Roumanie, en Autriche et en France. Il ressemble aux ankylosaures primitifs du Crétacé inférieur.

Struthiosaurus **devait être une forme primitive d'ankylosaure.**

Découvertes argentines

Jusqu'à récemment, on ne connaissait pas bien les dinosaures d'Amérique du Sud, car peu de paléontologues les avaient recherchés. Ces vingt dernières années, des dizaines de nouveaux dinosaures du Crétacé y ont été trouvés, notamment en Argentine. Ces spécimens montrent que les dinosaures ont évolué de façon unique sur le continent sud-américain.

Le Crétacé supérieur

Le monde du Crétacé supérieur commence à ressembler au nôtre. L'Atlantique Sud s'est ouvert entre l'Amérique du Sud et l'Afrique, et le vieux continent du Gondwana s'est disloqué. L'Inde se dirige vers l'Asie.

Saltasaurus

Les titanosaures étaient un groupe étonnant de dinosaures sud-américains. Les sauropodes ont été principalement remplacés par les ornithopodes au début du Crétacé *(voir p. 98-99)*, pourtant les sauropodes sont restés dominants en Amérique du Sud. Les titanosaures comme *Saltasaurus* avaient le corps couvert de plaques dermiques qui offraient une protection contre les prédateurs, mais qui étaient moins solides que l'armure des ankylosaures *(voir p. 149)*.

Chaque plaque dermique était entourée d'autres plaques plus petites.

Nid de *Saltasaurus*

En 1997, le paléontologue argentin Luis Chiappe trouva une incroyable aire de ponte de dinosaures à Auca Mahuevo en Argentine. Il y avait des centaines de nids. Certains avaient de petits œufs de 11 à 12 cm de diamètre. À l'intérieur de quelques œufs, des embryons non éclos ont été retrouvés, montrant des éléments microscopiques de l'armure dermique.

Saltasaurus avait une petite tête et un long cou.

Alvarezsaurus

Ce petit théropode fut nommé en 1991 à partir d'un squelette incomplet. Long de près de 2 m, l'animal était mince et léger. Des dinosaures proches ont été retrouvés en Mongolie et *Alvarezsaurus* fait probablement partie du groupe de dinosaures à l'origine des oiseaux.

Abelisaurus

Ce grand prédateur du Crétacé supérieur d'Argentine mesurait jusqu'à 9 m de long, comme la plupart des tyrannosaures. Mais *Abelisaurus* appartenait à un autre groupe de théropodes, au crâne assez haut, souvent surmonté de crêtes. Les abélisauridés vivaient aussi en Inde, en Afrique et à Madagascar.

LES TYRANNOSAURES

Les dinosaures les plus terrifiants et les plus célèbres sont les tyrannosaures. Ces gigantesques prédateurs, comme *Tyrannosaurus rex* qui pesait 7 tonnes, étaient les prédateurs dominants du Crétacé supérieur.

ALBERTOSAURUS

Ce squelette d'*Albertosaurus* montre les caractéristiques des tyrannosaures : un grand crâne étroit, des mâchoires massives, de longues dents, de petits bras à deux doigts griffus seulement, une longue queue et des membres massifs à trois gros orteils. Les squelettes complets de tyrannosaures sont rares : on retrouve le plus souvent des dents isolées.

TYRANNOSAURUS REX

Tyrannosaurus rex poursuit un groupe de *Corythosaurus*, un hadrosaure connu pour être sa proie.

C'est le plus grand des tyrannosaures avec ses 13 m de long, 4 m de haut au niveau du bassin et ses 5 à 7 tonnes. Il était aussi gros qu'un éléphant mâle d'Afrique mais portait sa lourde charge sur deux pattes seulement. Pendant longtemps, on n'en a connu qu'un ou deux squelettes. En 1990, un nouveau spécimen plus complet, baptisé Sue, fut découvert. Il est exposé depuis 2000 au Field Museum de Chicago.

LES TYRANNOSAURES ASIATIQUES

Pendant un temps, *Tarbosaurus* de Mongolie *(voir p. 134-135)* fut aussi appelé *Tyrannosaurus*, mais il est suffisamment différent pour avoir son propre nom. *Alioramus (à droite)* est un autre tyrannosaure asiatique connu par un crâne et des os de la cheville trouvés en 1976. Cet animal de 5 à 6 m de long ressemblait, en plus petit, aux tyrannosaures nord-américains.

Triceratops

Les cératopsiens étaient des dinosaures herbivores du Crétacé supérieur. Leur tête massive, armée de cornes, les protégeait des prédateurs.

PORTRAIT DE FAMILLE
Les nombreuses espèces de cératopsiens ont des crânes différents.

Triceratops avait une large collerette, une corne sur le nez et au-dessus des yeux.

Chasmosaurus avait aussi trois cornes, mais une collerette carrée.

Centrosaurus avait une longue corne sur le nez et de petites cornes sur les bords de sa collerette.

Pachyrhinosaurus avait des pointes sur sa collerette ainsi qu'une pointe émoussée sur le nez.

Triceratops, le plus connu des cératopsiens, est l'un des derniers apparus avant l'extinction des dinosaures.

Armes de combat

Les cornes devaient servir à repousser les carnivores, mais les cératopsiens se battaient peut-être aussi entre eux comme le font aujourd'hui les cerfs et les antilopes.

Dinosaure armé

Les cornes de *Triceratops* semblent une arme efficace contre les ennemis et les rivaux, mais la collerette est plus difficile à interpréter. Faite d'os épais, elle pèse très lourd et ne protège qu'une petite portion du cou.

Défense des petits

Les cératopsiens vivaient en meutes. Les restes de dizaines d'individus, jeunes et plus âgés, sont souvent retrouvés ensemble. Menacés, les adultes formaient peut-être un cercle autour des plus jeunes, leurs cornes pointant vers l'extérieur.

Construit comme un blindé

Triceratops était bâti comme un rhinocéros, mais en beaucoup plus gros (8 m de long par rapport aux 3,50 m du rhinocéros). Il avait un cou puissant et des membres solides lui permettant de porter son énorme tête. Tous ses muscles rassemblés à l'avant du corps lui permettaient de charger ses attaquants. Son bec et ses petites dents étaient adaptés à un régime herbivore.

Les derniers dinosaures

On pensait autrefois que les dinosaures avaient progressivement disparu pour finalement s'éteindre à la fin du Crétacé. Toutefois, les dinosaures sont restés diversifiés et nombreux jusqu'à la fin. Il n'y a pas de signe de leur déclin, ce qui laisse penser qu'ils ont succombé à un événement brutal.

Henry Fairfield Osborn

Osborn (1857-1935) dirigeait le Muséum d'histoire naturelle américain à New York quand il monta les expéditions mongoles *(voir p. 130-131)*. Des équipes du muséum ont aussi trouvé les premiers restes de *Tyrannosaurus rex* qu'Osborn nomma en 1905.

Edmontosaurus

De nombreux hadrosaures, dont deux espèces d'*Edmontosaurus*, vivaient juste à la fin du Crétacé. Ce dinosaure de 13 m de long était l'un des plus gros hadrosaures. Il est surtout connu au Canada (son nom vient d'Edmonton, la capitale de l'Alberta). Des spécimens ont conservé le contenu de l'estomac qui montre qu'il se nourrissait de fougères et de conifères.

Tyrannosaurus rex

Des spécimens de *Tyrannosaurus rex* ont été trouvés à divers niveaux du Crétacé supérieur, et certains juste sous la limite KT *(voir p. 149)*. Ce carnivore géant devait se repaître du grand hadrosaure *Edmontosaurus* et d'*Ankylosaurus* pourtant bien défendu.

Hell Creek

La formation Hell Creek est l'une des formations à dinosaures les mieux connues du Crétacé supérieur. Elle traverse plusieurs États américains : Dakota du Nord et du Sud, Montana, Colorado et Wyoming. Les roches se sont déposées dans d'anciennes rivières à la fin du Crétacé.

Struthiomimus

Struthiomimus était un prédateur rapide, apparenté à *Gallimimus* de Mongolie *(voir p. 134)*. Il mesurait plus de 4 m de long et courait probablement comme une autruche. Il devait éviter les autres prédateurs et chasser des lézards et des mammifères.

Ankylosaurus

L'un des dinosaures cuirassés les mieux connus, *Ankylosaurus*, mesurait au moins 7 m et était armé d'une massue osseuse au bout de la queue. Son corps était couvert d'une armure de plaques dermiques. Une paupière osseuse protégeait même ses yeux !

C'EST GÉOLOGIQUE !

LA LIGNE KT : LIMITE DES DÉCOUVERTES DE DINOSAURES

Une ligne peut être tracée dans les roches de la formation Hell Creek et dans bien d'autres du même âge. Cette ligne marque la fin des tout derniers dinosaures. D'autres groupes, comme les poissons, grenouilles, lézards, serpents, tortues, crocodiles, oiseaux et mammifères, ont traversé cette limite. Sous la ligne, c'est le Crétacé, et au-dessus c'est le Tertiaire. L'abréviation KT signifie Crétacé Tertiaire (de l'allemand *Kreide-Tertiär*).

IMPACT !

Pendant des années, les scientifiques ont débattu de la fin des dinosaures. Les reptiles marins, ptérosaures, ammonites, bélemnites et beaucoup d'autres animaux marins se sont éteints en même temps. De nombreuses théories ont été proposées et rejetées. Celle préférée aujourd'hui, confortée par un grand nombre de preuves, fait intervenir l'impact sur Terre d'une énorme météorite.

COMMENT LE MONDE A CHANGÉ

Une couche d'argile marque la fin du Crétacé. Elle montre quatre étapes dans la catastrophe. Tout d'abord, la météorite a heurté la Terre et fait fondre les roches, envoyant de nombreuses petites particules de verre fondu dans l'atmosphère. Deuxièmement, un gigantesque tsunami dans la mer des Caraïbes a touché les côtes. Troisièmement, une vague d'air brûlant a traversé la Terre et entraîné de gigantesques incendies. Et finalement, de fines poussières projetées dans l'atmosphère ont obscurci le ciel.

1. Des particules de verre fondu sont projetées dans l'atmosphère.

2. Un tsunami frappe la côte et dévaste les roches du rivage.

3. Une vague d'air brûlant provoque des incendies.

4. De fines poussières obscurcissent le ciel.

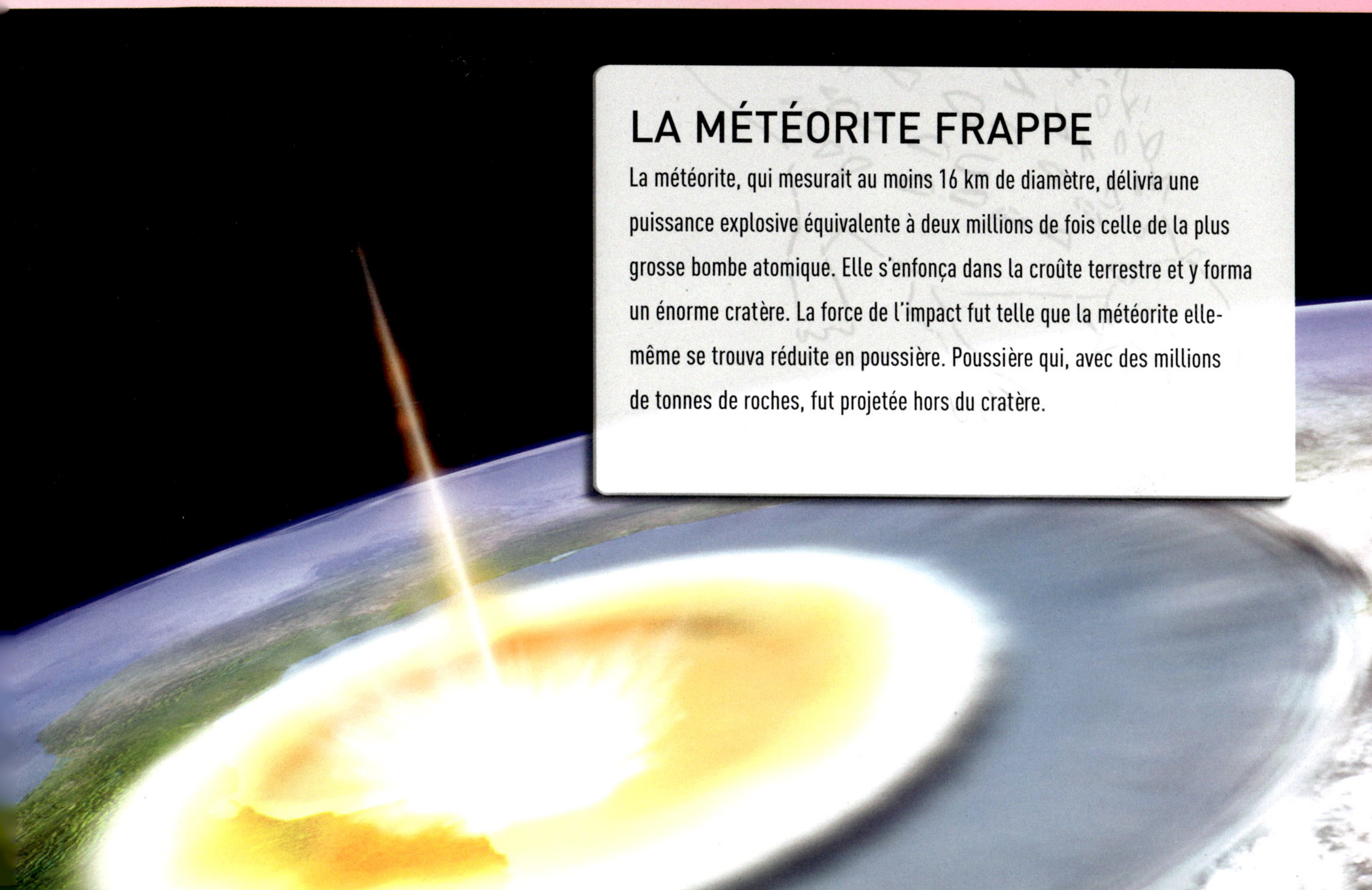

LA MÉTÉORITE FRAPPE

La météorite, qui mesurait au moins 16 km de diamètre, délivra une puissance explosive équivalente à deux millions de fois celle de la plus grosse bombe atomique. Elle s'enfonça dans la croûte terrestre et y forma un énorme cratère. La force de l'impact fut telle que la météorite elle-même se trouva réduite en poussière. Poussière qui, avec des millions de tonnes de roches, fut projetée hors du cratère.

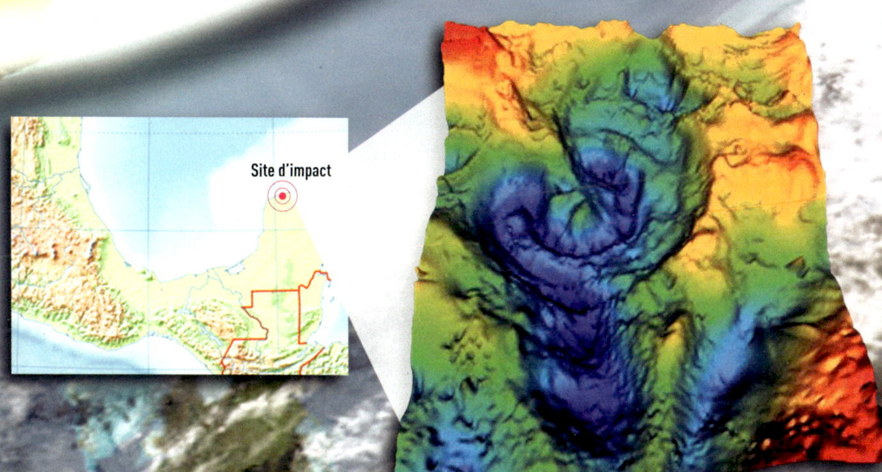

LE CRATÈRE DE CHICXULUB

Les preuves géologiques d'un impact étaient nombreuses, mais le cratère ne fut trouvé qu'en 1990 dans la région du Yucatán au Mexique, enfoui sous des roches plus jeunes. Les relevés géophysiques montrent que le cratère enfoui, de 180 km de diamètre, est fait des roches qui formaient autrefois le fond de la mer des Caraïbes. Les forages réalisés au centre du cratère montrent des roches fondues qui confirment les événements.

Après les dinosaures

Sans les dinosaures, le monde devait sembler bien vide. C'en était fini de leurs corps gigantesques, de leurs cris et de leurs déjections. Mais la vie a continué. De nombreux animaux ont survécu à l'extinction de masse de la fin du Crétacé : insectes, poissons, grenouilles, lézards, serpents, tortues, crocodiles, oiseaux et mammifères. Les mammifères en particulier ont commencé à repeupler le monde.

Ptilodus

Ptilodus appartient à un groupe de mammifères contemporains des dinosaures et qui a survécu à l'extinction. Il vivait dans les arbres, se nourrissant de feuilles et même de bois.

Le Paléocène

Le Paléocène (65 à 56 Ma) est la première période du Tertiaire. Il y avait des plantes de toutes tailles, mais les mammifères et autres animaux qui ont survécu étaient plus petits qu'un chat. Il faut attendre une très longue période pour que la vie se diversifie de nouveau.

Les mammifères

Les mammifères ont des poils, un gros cerveau et allaitent leurs petits. Les hommes, singes, cochons, chiens, chats, souris et baleines sont des mammifères. Ils doivent leur succès à leur capacité d'adaptation à tous les habitats.

Chriacus

Ce mammifère d'un mètre de long se nourrissait de plantes, d'insectes et de petits mammifères. C'était un condylarthre, groupe qui compte les ancêtres des animaux à sabots actuels comme les chevaux et les vaches, mais aussi les ancêtres des baleines.

Cimolestes

De nombreux mammifères étonnants ont survécu à la crise de la fin du Crétacé. Parmi eux, les cimolestidés, des arboricoles insectivores aux dents pointues n'ont toutefois pas survécu bien longtemps. Ils sont apparentés à certains insectivores ou carnivores actuels.

Plesiadapis

L'un des plus anciens primates, *Plesiadapis*, date du Paléocène. Cet animal arboricole s'agrippait aux branches et se servait de sa longue queue comme d'un balancier pour sauter d'arbre en arbre.

Le Miocène et les origines de l'homme

Au Miocène, en Afrique, les grandes forêts abritaient de nombreux grands singes. Vers 15 Ma, le climat est devenu plus froid et plus sec et les forêts ont laissé place à des plaines herbeuses où certains grands singes se sont aventurés. Les plus anciens hominidés ont 7 Ma et *Australopithecus (ci-dessous)* vivait il y a 4 à 1 Ma. Les hommes modernes sont apparus en Afrique il y a environ 200 000 ans.

Le monde sans dinosaures

Le monde a bien changé depuis la disparition des dinosaures. La plupart des oiseaux modernes et des mammifères ont fait leur entrée en scène ces derniers 65 millions d'années. Voici les étapes majeures de l'évolution depuis la disparition des dinosaures.

- **65 Ma** Début du Paléocène. La lignée des primates (les lémuriens, les singes, l'homme et leurs ancêtres) se diversifie.
- **60 Ma** Apparition des premiers rongeurs et des chauves-souris.
- **55 Ma** Apparition des premiers éléphants, chevaux, cochons, baleines et oiseaux chanteurs.
- **35 Ma** Extension des prairies.
- **34 Ma** L'Australie et l'Amérique du Sud se séparent de l'Antarctique.
- **30 Ma** Apparition des premiers singes et du plus grand mammifère terrestre, *Paraceratherium*, un rhinocéros géant de 5,50 m de haut au garrot.
- **20 Ma** Apparition des grands singes.
- **15 Ma** Apparition de la première espèce de félins à dents de sabre, *Miomachairodus*, en Afrique et en Turquie.
- **7 et 6 Ma** Apparition des premiers hominidés, *Sahelanthropus* et *Orrorin*, en Afrique.
- **3 Ma** L'Amérique du Sud rejoint l'Amérique du Nord à Panamá et leurs mammifères se mélangent.
- **2,6 Ma** Apparition des mammouths en Europe et en Asie.
- **2 Ma** Apparition du premier humain à gros cerveau, *Homo erectus*, en Afrique.
- **1,8 Ma** Début du Pléistocène, le grand âge glaciaire. Des glaciers recouvrent un quart de la surface des continents. Apparition du rhinocéros laineux en Europe, en Afrique du Nord et en Asie.
- **il y a 800 000 ans** Premières traces d'utilisation du feu par l'homme.
- **il y a 200 000 ans** Apparition des premiers membres de notre espèce, *Homo sapiens*, en Afrique.
- **il y a 100 000 ans** Apparition des premiers hommes modernes en Asie.
- **il y a 32 000 ans** Plus anciennes peintures rupestres connues dans le sud de la France.
- **il y a 12 000 ans** Fin de la dernière glaciation. Les glaciers commencent à fondre et le niveau de la mer monte.
- **il y a 11 000 ans** Fin du Pléistocène et début de l'Holocène (jusqu'à aujourd'hui). Plus anciens ossements fossiles humains découverts en Amérique.

Squelette de *Tyrannosaurus rex*, découvert dans la formation Hell Creek du Dakota du Sud (États-Unis).

SITES INTERNET SUR LA VIE AU CÉNOZOÏQUE

www.mnhn.fr/mnhn/geo/cenozoique.html L'Europe à l'ère du Cénozoïque.

www.mnhn.fr/arbre/pages/mammiferes.html L'apparition des mammifères.

Glossaire

abélisauridés Famille de grands dinosaures théropodes qui vivaient sur le Gondwana.

adaptation Transformation des animaux et des plantes au cours des générations permettant une meilleure adéquation à un environnement différent.

ammonite Mollusque marin apparenté aux poulpes et calmars, et vivant dans une coquille généralement enroulée.

anatomie Structure interne d'un organisme : os, muscles, organes...

ankylosaure Dinosaure herbivore dont le dos est protégé par une armure de plaques dermiques.

archosaures Grand groupe de reptiles qui réunit dinosaures, ptérosaures, crocodiles, oiseaux et leurs ancêtres.

Aves Nom latin des oiseaux.

batterie dentaire Assemblage de dents imbriquées les unes dans les autres, agissant comme une râpe.

bélemnite Mollusque marin apparenté aux seiches et possédant une coquille interne fuselée.

biostratigraphie Utilisation des fossiles pour dater les roches.

camouflage Couleurs, motifs ou formes du corps qui permettent aux animaux de se dissimuler dans le paysage.

cannibale Animal qui mange des animaux de sa propre espèce.

Carbonifère Période géologique (360-300 Ma) caractérisée par de grandes forêts luxuriantes qui ont donné le charbon. À cette époque évoluent les premiers amphibiens et reptiles.

Carnien Période géologique du Trias supérieur comprise entre 228 et 216 Ma.

cératopsien Dinosaure herbivore portant des cornes sur la tête.

cimolestidés Famille de petits mammifères insectivores apparue à la fin du Crétacé.

cœlurosaures Groupe de dinosaures carnivores.

compsognathidés Famille de petits dinosaures carnivores du Jurassique supérieur et du Crétacé inférieur.

condylarthres Groupe de mammifères paléocènes, herbivores ou carnivores.

confuciusornithidés Famille d'oiseaux fossiles primitifs de Chine.

conifère Arbre dont les graines sont enfermées dans des cônes comme le pin ou l'épicéa.

Crétacé Période des temps géologiques comprise entre 145 et 65 Ma.

crocodiliens Crocodiles, alligators, gavials et leurs ancêtres.

cycas Plante tropicale à l'allure de palmier qui porte des frondes et de grands cônes.

dérive des continents Mouvement des continents au cours des millions d'années.

dicynodonte Reptile mammalien herbivore qui vivait au Permien et au Trias.

Dinosauria Nom latin des dinosaures.

droméosauridés Famille de petits dinosaures carnivores étroitement apparentés aux oiseaux.

écosystème Communauté de plantes et d'animaux dans leur environnement, comme un désert.

espèce Groupe de plantes ou d'animaux qui partagent les mêmes caractères. Les membres d'une même espèce peuvent se reproduire entre eux.

évolution Processus de transformation du matériel génétique des espèces au cours des générations.

extinction Disparition d'une espèce.

extinction de masse Disparition d'un grand nombre d'espèces en même temps.

faune Animaux qui vivent ensemble dans un endroit particulier.

formation Ensemble de roches d'un âge donné dans une région donnée.

fossile Restes, traces ou empreintes d'animaux ou de plantes trouvés en général dans des roches.

fougères à graines Groupe de plantes disparues dont les feuilles semblables aux frondes des fougères portaient des sortes de graines.

fougères arborescentes Groupe de fougères de la taille d'un arbre.

géologie Étude scientifique des roches et des minéraux.

ginkgo Arbre aux cent écus, aux feuilles en éventail, apparenté aux conifères.

Gondwana Grand continent du Sud qui réunissait autrefois l'Afrique, l'Amérique du Sud, l'Antarctique, l'Australie et l'Inde.

hadrosaure Dinosaure herbivore au bec aplati comme celui d'un canard et portant souvent une crête sur le crâne.

ichthyosaure Reptile marin qui ressemblait à un dauphin.

Jurassique Période des temps géologiques entre 200 et 145 Ma.

KT Crétacé Tertiaire, «K» pour Crétacé, du nom allemand *Kreide* qui signifie craie.

Laurasie Grand continent du Nord qui regroupait autrefois l'Amérique du Nord, l'Europe et l'Asie.

Ma Abréviation de «millions d'années».

magma Roche chaude fondue, située sous la croûte terrestre.

mammifère Animal au corps couvert de poils qui allaite ses petits.

maniraptoriens Groupe de dinosaures carnivores comprenant les oiseaux et leurs plus proches parents dinosauriens.

membrane alaire Fine couche de peau tendue entre les os des doigts et du bras qui forme l'aile chez les reptiles volants et les chauves-souris.

Mésozoïque Période des temps géologiques (251-65 Ma) qui réunit le Trias, le Jurassique et le Crétacé.

météorite Corps céleste qui heurte une planète comme la Terre.

migration Déplacement d'un groupe d'animaux vers un autre territoire pour trouver de la nourriture, un climat plus chaud ou pour se reproduire.

Miocène Période des temps géologiques comprise entre 23 et 5 Ma, au cours de laquelle de grands mammifères ont régné sur la Terre.

Norien Période des temps géologiques du Trias supérieur (216-203 Ma) à laquelle vivaient les prosauropodes.

ornithischiens Groupe de dinosaures herbivores qui rassemble les ornithopodes, les cératopsiens, les ankylosaures et les stégosaures.

ornithomimidés Famille de dinosaures autruches, carnivores au long cou et aux longues pattes.

ornithopode Dinosaure herbivore bipède.

Paléocène Période des temps géologiques comprise entre 65 et 56 Ma, juste après l'extinction des dinosaures.

paléontologue Scientifique qui étudie les fossiles.

Pangée Supercontinent du Permien et du Trias qui regroupait tous les continents actuels.

plaques dermiques Formations osseuses qui poussent dans la peau ou qui en sortent, généralement pour se défendre ou se battre.

plésiosaure Reptile marin à long cou qui nage grâce à de grandes palettes natatoires.

pliosaure Reptile marin à grosse tête et cou court.

pollinisation Transfert des cellules mâles vers une fleur femelle pour la fertiliser.

prédateur Animal carnivore qui chasse ses proies.

primates Groupe de mammifères qui réunit les singes, l'homme, les lémuriens et leurs ancêtres.

proie Animal chassé ou mangé par un autre.

prosauropode Ancêtre à long cou des sauropodes. Il vivait au Trias supérieur et au Jurassique inférieur.

ptérosaure Reptile volant qui vivait au Mésozoïque.

réchauffement climatique Réchauffement de l'air et des mers entrainant un changement global du climat.

reptiles Groupe de vertébrés qui réunit les tortues, les crocodile, les lézards, les serpents, les dinosaures...

rhynchosaure Reptile herbivore à bec crochu du Trias.

sang chaud (à) Qui conserve son corps à température constante comme les oiseaux actuels et les mammifères.

saurischiens Groupe de dinosaures qui rassemble les sauropodomorphes à long cou et les théropodes carnivores.

sauropode Grand dinosaure herbivore à long cou.

sauropodomorphes Groupe qui réunit les prosauropodes et les sauropodes.

sédiment Dépôt comme le sable ou la boue qui se transforme en roche comme les grès ou les marnes.

spécimen Os fossilisé ou squelette.

spinosaure Dinosaure théropode portant une voile de peau sur le dos jusqu'au crâne, rappelant celui des crocodiles.

stégosaure Dinosaure herbivore à grandes plaques osseuses sur le dos.

stratigraphie Branche de la géologie consacrée à la datation des roches.

tectonique des plaques Mécanisme dans les profondeurs de la Terre qui entraîne le mouvement des continents.

téléostéen Poisson osseux typique comme le saumon ou le poisson rouge.

Tertiaire Période des temps géologiques comprise entre 65 et 2 Ma, après la disparition des dinosaures.

thérizinosaure Théropode herbivore du Crétacé aux longs doigts en forme de faux.

théropode Dinosaure carnivore.

titanosaure Sauropode géant, typique des continents du Sud.

Trias Période des temps géologiques comprise entre 251 et 200 Ma.

tritylodontes Groupe de petits reptiles mammaliens proches des mammifères.

tyrannosaure Grand dinosaure carnivore du Crétacé.

tyrannosauridés Famille de dinosaures carnivores réunissant les tyrannosaures et leurs cousins.

vertèbre Os qui constitue la colonne vertébrale.

Index

A
Abelisaurus 143
Afrique 51, 64, 66, 68, 80, 81, 96, 122, 124, 142, 143, 153
Afrique du Sud 34, 38, 93, 104
ailes 29, 85, 86-87, 114
Albertosaurus 144
Alioramus 145
Allemagne 20, 22, 46, 68, 125
 lagon de Solnhofen 82-83, 84, 86, 87, 91
 troupeau de Trossingen 22-23
 Tübingen 22
Allosaurus 54, 72, 75, 78-79, 88, 93
Alvarezsaurus 143
Alxasaurus 136
Amérique du Nord 31, 35, 64, 66, 68, 69, 80, 88, 89, 94, 98, 105, 121, 123, 134, 140, 145
Amérique du Sud 11, 80-81, 143
amphibiens 32, 46
 grenouilles 62, 97, 128, 149, 152
 salamandres 62, 128
Amphicoelias 64, 70-71
ammonites 47, 48, 49, 91, 150
Angleterre, Royaume-Uni 38, 44, 45, 57, 58, 62, 88, 94, 96, 124, 127
 Falaises de Lyme Regis 46, 49
 fossiles d'Hornsleasow 62
 gouffres de Bristol 28-29
 Wealdien 98, 99, 102
ankylosaures 27, 41, 53, 77, 129, 141, 142
Ankylosaurus 41, 148, 149
Antarctique 50-51, 81, 127, 142
Apatosaurus 73, 123
Archaeopteryx 52, 53, 82, 83, 84-85, 86, 116, 117, 121, 128
archosaures 52
Argentine 10, 12, 14, 16, 64, 96, 142-143
Argentinosaurus 64, 70-71
Atlantique, océan 31, 80-81, 89, 98, 142
Atlascopcosaurus 127
Australie 142
 Dinosaur Cove 126, 127
Australopithecus 153

B
Barosaurus 68-69, 80
Baryonyx 98, 99, 124
becs 11, 134, 147
Beipiaosaurus 110, 115
bélemnites 48, 91, 150
Brachiosaurus 61, 64, 65, 66-67, 71
Brontosaurus 73
Bruhathkayosaurus 70-71

C
Camarasaurus 72, 73
Cambrien 32, 46
camouflage 16
Canada 31, 41, 120, 148
cannibalisme 24
Carbonifère 32, 46, 149
Carcharodontosaurus 54
Carnien 18, 19, 30
carnivores 10, 21, 24, 26, 30, 38, 44, 51, 52, 54, 78, 83, 88, 100, 134-135, 146, 148
Caudipteryx 112-113
Cénozoïque 46
Centrosaurus 146
cératopsiens 53, 118-119, 129, 146
Ceratosaurus 52
Cetiosaurus 61
Chanaresuchus 10
Chasmosaurus 146
Chine 38, 42, 43, 51, 59, 64, 92-93, 96, 112, 115, 118, 119, 130, 135, 136
 Liaoning, Groupe de Jehol 106-107, 108, 110, 116, 117, 126
 Lufeng 42-43
 Zigong 59, 94
chordés 46
Chriacus 152
Cimolestes 153
Clevosaurus 28, 29
climat 17, 18, 50
Coelophysis 24-25, 72
cœlurosaures 52, 53
colonne vertébrale 58, 59, 124-125
compsognathidés 112
Compsognathus 53, 83, 110
condylarthre 152
Confuciusornis 116, 117
confuciusornithidé 116
cornes 27, 118, 146, 147
Corythosaurus 138
cratères
 Chicxulub 151
 Manicouagan 31
Crétacé 27, 32, 43, 46, 64, 72, 80, 81, 98, 104, 105, 109, 116, 118, 126, 127, 128, 131, 142, 144, 149, 150
 inférieur 53, 54, 64, 96, 97, 105, 106, 108, 110, 116, 118, 122, 126, 141
 fin 30, 32, 96, 108, 134
 moyen 64, 128
 supérieur 41, 53, 86, 96, 110, 127, 129, 138, 140, 141, 142, 143, 146, 148, 149
crête 38, 51, 93, 138, 139, 143

crocodiliens 10, 17, 20, 24, 26, 36, 38, 39, 52, 54, 55, 62, 90, 123, 128, 149, 152
Cryolophosaurus 51

D

Dacentrurus 56, 58-59, 88
Datousaurus 94
Deinocheirus 137
Deinonychus 53, 111, 120, 121, 131
dérive des continents 25, 80-81
désert 36, 37, 123, 130
Dévonien 32, 46
dicynodontes 17
Dilong 110
Dilophosaurus 38, 39, 51, 54
Dinheirosaurus 88
Dinodontosaurus 10, 11, 17
dinosaures à plumes 52, 85, 108, 110-111, 112-113, 116, 117, 119, 134, 135
dinosaures cuirassés 33, 44-45, 47, 58-59, 65, 76, 88, 92, 118-119, 142, 143, 146-147, 149
Diplodocus 52-53, 65, 70-73, 75, 88, 123
Dromaeosaurus 120, 128
droméosauridés 84, 111, 114, 120, 121
Dryosaurus 68, 69, 80

E

Edmontosaurus 138, 148
Elaphrosaurus 69
empreintes 38, 40-41, 60, 66, 87, 89, 99
Eoconfuciusornis 116
Eoraptor 16, 96
Équateur 18
Éruptions volcaniques 13, 31
États-Unis 36, 72, 74, 149
  Arizona 36-37, 38
  Colorado 70
  Montana 96, 120-121, 149
  Nouveau Mexique 24
  Wyoming 66, 120–1
Europe 20, 31, 68, 88, 92, 94, 98, 110, 140
évolution 42, 102, 104, 153
extinction 18, 30, 32, 33, 129, 148, 150-151

F

faune 28
formations rocheuses
  Clarens 34
  Cloverly 120-121, 126
  Elliott 34
  Hell Creek 96, 149
  Ischigualasto 12-13, 14, 16-17, 96
  Kayenta, *voir* Kayenta
  Morrison 68, 70, 73, 74-75, 76, 89
  Nemegt 132-133, 135
  Shaximiao 94
  Tendaguru 68, 69
  Yixian 106
fossiles 46, 47, 62, 63, 82, 83
  couche fossilifère 13
  crocodiliens 39
  dinosaures 12, 16, 17, 21, 22, 24, 28, 29, 36, 38, 39, 40, 42, 45, 50, 66, 82, 89, 92, 94, 95, 99, 106-107, 108, 110, 111, 114, 123, 130, 131, 133, 135, 139, 144, 146
  fossile vivant 28
  insectes 29, 82
  mammifères 25, 99, 110
  oiseaux 82, 84-85, 108, 110, 116, 117
  plantes 17, 29, 82, 99, 108
  poissons, mollusques 47, 91, 99
  reptiles 39, 49, 86, 99, 90
France 20, 46, 57, 58, 64, 88, 141

G

Gallimimus 27, 134, 137, 149
Gasosaurus 59, 94
gastrolithes 21
géologues 46, 47, 50, 68, 99
Glacialisaurus 51
Gondwana, continent 19, 68, 81, 127, 142

H

Hadrocodium 43
hadrosaures 121, 122, 129, 138-139, 140, 148
herbivores 17, 18, 19, 20-21, 26, 27, 28, 30, 34, 35, 40, 42, 44, 55, 57, 59, 62, 76, 94, 97, 98, 100, 104, 105, 108, 110, 111, 122, 127, 135, 137, 146, 147
Herrerasaurus 14-15, 16, 96
Heterodontosaurus 35, 104, 105
homalocéphales 132
Huayangosaurus 59, 92
humains 46, 152, 153
Hyperodapedon 17
Hypsilophodon 98, 102-103, 104, 127
hypsilophodontidés 127

I

Ichthyornis 72
ichthyosaures 90, 91
Ichthyosaurus 48-49,
Iguanodon 17, 26, 97, 98, 99, 100-101, 104, 105, 138
  pointe du pouce 105
Incisivosaurus 106, 111
inondation de Ghost Ranch 24-25
insectes 10, 29, 32, 43, 55, 62, 75, 83, 97, 152
  abeilles et guêpes 97, 98, 109, 128
  fourmis et termites 97, 109
  libellules 115
  papillons 97, 128
  scarabées 128
invertébrés
  escargots 128
  vers 128
Ischigualastia 17

J

Jeholornis 117
Jobaria 123
Jurassique 27, 31, 32, 34, 39, 45, 46, 51, 54, 61, 65, 68, 80, 81, 91, 104, 128
  inférieur 33, 34, 36, 42, 44, 46, 51, 53, 104
  supérieur 53, 58, 64, 65, 84, 86, 88, 89, 90, 92, 94, 97, 110, 116, 128
  moyen 33, 38, 53, 56, 57, 58, 61, 62, 94, 96

K

Kayenta 36-37, 38-39, 40, 42, 37
Kentrosaurus 77
Kuehneosaurus 29

L

Lagerpeton 10
Lambeosaurus 138
Laurasia, continent 19, 81
Leaellynasaura 126, 127
Lepidotes 99
Lesothosaurus 34, 93
lézards 26, 28, 39, 54, 62, 69, 83, 97, 98, 115, 128, 131, 134, 149, 152
Lias 46-47, 48-49
Liopleurodon 90, 91
Longipteryx 117
Lourinhanosaurus 88
Lourinhasaurus 88
Lufengosaurus 42-43, 51

M

Magyarosaurus 140
mains
  griffes 21, 40, 42, 43, 78, 79, 84, 85, 120, 131, 136, 137, 138
  doigts 14
mammifères 11, 25, 36, 42, 43, 46, 51, 54,-55, 62, 69, 74, 83, 97, 98, 128, 131, 134, 149, 152, 153
maniraptoriens 53
Marasuchus 10, 15, 26
Marginocéphales 27
Massetognathus 10, 11
Massospondylus 35
Megalosaurus 38, 54, 56-57, 88, 93, 94, 96, 100
Mei long 64, 96
Mésozoïque 46, 50, 128
métazoaires 46
météorites 30, 129, 150–1
Metriorhynchus 90
Micropachycephalosaurus 43, 96
Microraptor 114-115
migration 38, 51, 89
Miocène 153
Mongolie 118, 119, 130-131, 132-133, 134-135, 136, 137, 143, 145, 148
muséums 13, 17, 25, 39, 49, 67, 68, 73, 95, 101, 125, 130, 145, 148

N

Nemegtosaurus 132
Norien 19
Nouvelle-Zélande 28

O

œufs 64, 118, 119, 134, 139, 143
oiseaux 20, 46, 52-53, 72, 84-85, 97, 98, 108, 110, 114, 116-117, 121, 128, 143, 149, 152
  pygargue à tête blanche 53
  hoazin 84
Omeisaurus 94
Ordovicien 32, 46
ornithischiens 17, 26, 27, 137
Ornitholestes 75
ornithomimidés 127, 134
ornithomimosaure 137
ornithopodes 27, 34, 68, 80, 97, 98, 102, 104-105, 138, 138, 140, 142
Ouranosaurus 122-123
Oviraptor 111, 119, 131, 135

P

pachycéphalosaure 96, 132
Pachyrhinosaurus 146
paléontologues 11, 12, 16, 25, 26, 40, 43, 63, 66, 72-73, 76, 89, 95, 99, 103, 107, 110, 114, 118, 119, 121, 124, 131, 133, 135, 136, 137, 138, 140, 142
  Anning, Mary 49
  Bonaparte, José 12
  Brown, Barnum 39
  Buckland, William 54, 57, 96
  Camp, Charles 39
  Chapman Andrews, Roy 130
  Colbert, Edwin H. 25
  Cope, Edward Drinker 72
  Grabau, Amadeus 106
  Huene, Friedrich von 22
  Huxley, Thomas 102
  Janensch, Werner 66, 67, 68
  Jensen, Jim 70
  Maleev, Evgeny 136
  Mantell, Gideon 100
  Marsh, Othniel Charles 72, 73, 77
  Mateus, Octavio 89
  Nopcsa, Franz 141
  Norell, Mark 96
  Osborn, Henry Fairfield 148
  Ostrom, John 120, 121
  Owen, Richard 17, 54
  Reig, Osavaldo 12
  Romer, Alfred 11
  Seeley, Harry 26
  Sereno, Paul 12, 124
  Smith, William 47
  Stromer, Ernst 124
  Vickers-Rich, Tom et Patricia 127
  Welles, Sam 39
  Xing, Xu 96, 111, 115
  Young, C.C. (Yang Zhongjian) 43
  Zhiming, Dong 92, 93, 96
Paléozoïque 32, 46
Pangée, supercontinent 19, 35, 38, 80, 98
Panthalassa 19
Parasaurolophus 138
peau 77, 86
  camouflage 16
  couleur 76
  écailles 21, 99, 112
  peau fossilisée 44
  poils 87
Permien 32, 46
Pisanosaurus 17
plantes 11, 17, 18, 19, 28, 29, 31, 32, 37, 46, 51, 61, 62, 68, 74, 98, 128
  Archaefructus 108
  conifères 61, 75, 99, 109, 128, 148
  cycas 61, 65, 99, 108, 109, 127
  Dicroidium 17
  fougères 17, 18, 19, 45, 61, 75, 99, 108, 127, 128, 148
  fougères à graines 17, 18, 19, 46
  fougères arborescentes 61, 65, 128
  ginkgos 75, 99
  mousses 18, 128
  plantes à fleurs 97, 98, 108-109, 128
  prêles 61, 75, 99
Zamites 99
plaques 58, 59, 76, 77, 88
Plateosaurus 19, 20-21, 22-23, 35
Plesiadapis 153
Plesiosaurus 48-49
pliosaures 90
Pliosaurus 91
poissons 10, 30, 39, 46, 48, 49, 54, 62, 64, 83, 87, 90, 91, 99, 117, 123, 124, 128, 131, 149, 152
Portugal 57, 58, 88-89
Précambrien 32
prédateurs 24, 33, 40, 55, 57, 58, 68, 75, 89, 93, 98, 117, 120, 121, 143, 144, 145, 148, 149
  chasse 14, 16, 24, 56, 89, 119, 120, 121
  défense 35, 58, 77, 146, 149
primates 46, 152, 153
Probelesodon 10
proie 14, 16, 54, 56, 79, 83, 89, 93, 123, 128, 134
prosauropodes 19, 51, 60
Protoceratops 118, 119, 130, 131
proto-dinosaures 10
Protosuchus 39
Psittacosaurus 118, 130
Pterodactylus 86-87
ptérosaures 51, 62, 68, 69, 82, 83, 86-87, 150
Ptilodus 152

Q

Quaternaire 32, 46
queue 20, 69, 85, 90, 105, 110, 116, 117, 123, 144
  massue 77, 149
  pointes 49, 77, 88

R

réchauffement climatique 30, 31
reptiles 10, 11, 14, 17, 18, 26, 30, 42, 43, 46, 48, 51, 62, 65, 85, 86-87, 102
  reptiles marins 90-91, 150
  serpents 97, 98, 128, 149, 152
  tortues 26, 62, 128, 135, 149, 152
Rhabdodon 141
Rhamphorhynchus 86-87
rhynchosaures 17
Roumanie
  Hateg 141

S

Saltasaurus 142-143
Sapeornis 117
Sarcosuchus 123
saurischiens 26, 52-53
sauropodes 26, 40, 42, 60-61, 64, 65, 66, 69, 70-71, 73, 78, 80, 88, 89, 94, 97, 98, 104, 123, 132, 140, 142
sauropodomorphes 26, 136, 137
Sauroposeidon 70-71
Saurornithoides 134
Scelidosaurus 44-45
Shunosaurus 61, 92
Silurien 32, 46
Sinornis 117
Sinornithosaurus 111, 115
Sinosauropteryx 110, 112
Sinovenator 111
spinosaures 54, 98, 124-125
Spinosaurus 64, 124
stégosaures 27, 53, 56, 58-59, 92
Stegosaurus 75, 76-77, 92
Stereognathus 62
Struthiomimus 148
Struthiosaurus 141
Suchomimus 54, 124, 125
Supersaurus 64, 70-71
Suisse 20, 23
Syntarsus 38

T

Tanzanie 64, 66, 67, 68-69, 77
  Tendaguru 68, 69
Tarbosaurus 132, 134-135, 145
téléostéens 91
Telmatosaurus 140-141
temps géologiques 32, 46
Tenontosaurus 105, 121
Tertiaire 27, 32, 46, 149
  Paléocène 152, 153
Téthys 19, 81
Thecodontosaurus 28, 29
thérizinosaures 110, 136-137
Therizinosaurus 136
théropodes 26, 38, 52, 53, 54-55, 56, 58, 62, 65, 78, 84, 93, 94, 96, 106, 110, 111, 119, 120, 131, 132, 134, 136, 137, 143
thyréophores 27
Timimus 126, 127
titanosaures 140, 142
Torvosaurus 89
Trias 11, 18, 19, 27, 28, 31, 32, 34, 39, 46, 51, 54, 80, 104, 128

inférieur 30, 32, 33
moyen 10, 96
supérieur 10, 18, 19, 20, 27, 28, 29, 42, 53, 86, 96, 128
Triceratops 52, 96, 145, 146
tritylodontes 51
troodontidé 96, 111, 134
tyrannosauridé 110
tyrannosaures 143, 144-145
Tyrannosaurus rex 64, 96, 110, 135, 144-145, 148

U

Ultrasauros 70

V

Velociraptor 131
voile de peau 122, 124, 125

X

Xiaosaurus 93
Xuanhanosaurus 93
Xuanhuaceratops 43

Y

Yangchuanosaurus 93
Yunnanosaurus 42, 43

Z

Zalmoxes 141
Zhejiangosaurus 43

Remerciements

L'éditeur souhaite remercier les personnes ou institutions suivantes pour leur aimable autorisation de reproduire leurs illustrations. Nous avons fait de notre mieux pour retrouver les propriétaires des documents reproduits. Toutefois, si une erreur ou une omission ont été faites, nous tenons à nous en excuser, et nous ferons, si nous en sommes informés, les corrections nécessaires pour les futures éditions.

en haut = h ; en bas = b ; au centre = c ; à gauche = g ; à droite = d

Couverture Shutterstock/psamtik (dent) ; Shutterstock/Ryan M. Bolton (crâne)

Pages 11*hd* Universidad Federal of Rio do Sul, Brésil ; 12*cg* Grupo Paleo, Argentine ; 12*cbg* Corbis/Diego Goldberg/Sygma ; 12*bg* Corbis/Louie Psihoyos ; 13 Corbis/Hubert Stadler ; 14*bg* avec l'aimable autorisation du Natural History Museum, Londres ; 16*hd* Corbis/Louie Psihoyos ; 17*hcd* Alamy/Kevin Schafer ; 17*bd* Shutterstock/psamtik ; 20 Getty Images/DK ; 21*hd* EvaK ; 21*cd* Jens Lallensack ; 22*cg* Muséum d'histoire naturelle, Stuttgart ; 22-23*h* Natural History Museum, Londres ; 22*bd* Muséum d'histoire naturelle, Stuttgart ; 23*hd* Natural History Museum, Londres ; 23*bd* avec tous nos remerciements au Dr Mallison et ses collègues ; 24*b* Natural History Museum, Londres ; 25*hd* Corbis/Bettman ; 29*cd* Dinosaur Project/University of Bristol ; 29*bd* Dinosaur Project/University of Bristol ; 31*hd* avec nos remerciements à Doug Mercer ; 31*hd* Science Photo Library/M-Sat Ltd ; 31*b* Getty Images/Sigurgeir Jonasson/Nordic ; 36*hd* Rob Gay/Dinodomain.com ; 36-37 Shutterstock/Oscity ; 37*hg* Shutterstock/Zack Frank ; 37*hd* US Geological Society ; 38*hd* Alamy/John Cancalosi ; 38*bg* avec l'aimable autorisation du UC Museum of Palaeontology, Berkeley University ; 38*bd* Kobal/Amblin Universal ; 41 Corbis/Louie Psihoyos ; 43*hc* Mark Klinger/Carnegie Museum of Natural History ; 43*hd* Mark Klinger/Carnegie Museum of Natural History ; 43*cd* Institut de Paléontologie des vertébrés et Paléoanthropologie, Beijing ; 44*b* Dave Martill/University of Portsmouth ; 45*h* Getty Images/Matt Cardy ; 47*hg* Natural History Museum, Londres ; 47*bc* Science Photo Library/Michael Marten ; 47*bd* Science Photo Library/Sinclair Stammers ; 49*hg* Geological Society ; 49*bd* Alamy/Tom Stack ; 50*hd* Dept of Geology, Augustana College ; 50*b* Dept of Geology, Augustana College ; 52*bd* iStock/leonello ; 53*hg* Alamy/blinkwinkel ; 53*hd* Alamy/Steve Bly ; 53*cd* Natural History Museum, Londres ; 53*cd* Natural History Museum, Londres ; 57*b* Natural History Museum, Londres ; 59*hd* Natural History Museum, Londres ; 62*hd* avec nos remerciements à Roger Vaughan ; 62*bd* Corbis/Gaylon Wampler/Sygma ; 63*hd* Science Photo Library/Philippe Plailly/Eurelios ; 63*bg* Science Photo Library/Pascal Geotgheluck ; 63*bd* Science Photo Library/Philippe Plailly/Eurelios ; 64 Corbis/Jonathan Blair ; 66*cg* Corbis/Louie Psihoyos ; 67 Mathew Wedel avec l'aimable autorisation du Muséum d'histoire naturelle, Berlin ; 72*cg* Alamy/North Wind Picture Agency ; 72*cd&g* Corbis/Louie Psihoyos ; 73*cd* Shutterstock/Francisco Javier Ballester Calonge ; 75*hd* Ankyman ; 76*c* EvaK ; 78*g* Science Photo Library/Emily Rayfield ; 78*cd* Emily Rayfield ; 79 Getty Images/Iconica ; 79*bd* Corbis/Michael Yamashita ; 83*hg* Corbis/Jonathan Blair ; 83*cd* Corbis/Jonathan Blair ; 83*cg* Natural History Museum, Londres ; 85 Corbis/Louie Psihoyos ; 86*g* Natural History Museum, Londres ; 88*g* Ruth French avec l'aimable autorisation de Mateus Octavio et du Museu da Lourinha, Portugal ; 88*bg* Mateus Octavio/Museu da Lourinha ; 89*cg* Mateus Octavio/Museu da Lourinha ; 89*bg* Getty Images/AFP ; 89*bd* Reuters ; 91*cd* Patrick Barth ; 93*cg* Laikayiu ; 94*hd* Natural History Museum, Londres ; 94*cg* samwingkit ; 94*bd* Finblanco ; 95 & 96 Corbis/Louie Psihoyos ; 99*hd* Ray Bryant ; 99*hcg* Natural History Museum, Londres ; 99*bcg* Roy Shepherd at discoveringfossils.co.uk ; 99*bd* Natural History Museum, Londres ; 100*hd* Natural History Museum, Londres ; 100*c* Geological Society ; 102*g* Science Photo Library/George Bernard ; 102*hd* Ray Bryant ; 105*bd* Natural History Museum, Londres ; 106*b* Getty/NGS ; 107 Professeur Mike Benton ; 108*c* David Dilcher et Sun Ge ; 110*c* Natural History Museum, Londres ; 113 Natural History Museum, Londres ; 114*cg* Getty/Spencer Platt ; 115*hd* Getty/Frederic Brown ; 116*cg* Dr Zhiou Zhonge ; 117*cd* Natural History Museum, Londres ; 119*h* Natural History Museum, Londres ; 120*cg* Getty/DK ; 120-121 Lou Maher ; 121*bd* avec l'aimable autorisation de la Yale University ; 124*bg* Natural History Museum, Londres ; 125 Getty/AFP ; 126*hd* Museum of Victoria, Australie ; 127*bd* Geological Society of Australia, Victoria Division ; 130*cg* Getty/Topical Press Agency ; 130*cd* Alamy/Marcus Wilson-Smith ; 130*b* Getty/Hulton ; 131*cg* Shutterstock/Dinoton ; 131*cd* Corbis/Louie Psihoyos ; 132*cg* Corbis/Louie Psihoyos ; 132-133 Corbis/Louie Psihoyos ; 133*h* Dean Steadman/Kingfisher ; 134*bg* Gondwana Studios ; 135*bd* Gunnar Reiss ; 137*hd* Corbis/Louie Psihoyos ; 139 Natural History Museum, Londres ; 139*cd* Photoshot ; 140*g* Alamy/Bob Gibbons ; 143*hg* Getty/Tim Boyle ; 144*g* Sebastian Bergmann ; 145*d* Natural History Museum, Londres ; 146*g* Natural History Museum, Londres ; 146*c* Andrew Farke et Lukas Panzarin ; 147 Corbis/Louie Psihoyos ; 149*hg* Dean Steadman/Kingfisher ; 149*bd* Dean Steadman/Kingfisher ; 154 Corbis/Louie Psihoyos.

L'éditeur souhaiterait remercier les artistes suivants : Sam et Steve Weston, Sebastian Quigley et la Peter Bull Agency (couverture) ; Julian Baker (26-27, 104*b*) ; Barry Croucher (Art Agency) (136-137) ; Peter Bull Agency (92*c*, 92*bg*, 93*hg*, 93*hd*, 93*bd*, 102-103, 110*hd*, 110*b*, 11*gh*, 111*bg*, 111*bd*, 116*hd*, 116-117, 117*hg*, 117*hd*, 117*cg*) ; Ben Jones (34, 40*g*, 40*c*, 40*bd*, 42*g*) ; Jane Pritchard/Linden Artists (82*g*) ; Roger Stewart (134-135, 135*hg*, 135*hd*) ; Sebastian Quigley (18*d*, 19*hg*, 30, 46, 76, 77, 84*hg*, 88*br*, 89*hd*, 98*hd*, 129, 13*gh*, 131*hd*, 138*g*, 138*cd*, 138*bd*, 139*bg*, 142*cg*, 150-151, 150*b*, 151) ; Stuart Jackson-Carter (Art Agency) (137*cd*, 137*c*, 137*bd*, 137*d*, 140*bg*, 140-141, 141*hd*, 141*b*) ; Thomas Bayley (142*b*, 143*hd*, 143*cd*, 143*d*) ; toutes les autres illustrations par Steve et Sam Weston.